Problema de aprendizagem na alfabetização e intervenção escolar

EDITORA AFILIADA

Conselho Editorial de Educação:
José Cerchi Fusari
Marcos Antonio Lorieri
Marli André
Pedro Goergen
Terezinha Azerêdo Rios
Valdemar Sguissardi
Vitor Henrique Paro

Dados Internacionais de Catalogação na Publicação (CIP)
(Câmara Brasileira do Livro, SP, Brasil)

Miranda, Maria Irene
Problema de aprendizagem na alfabetização e intervenção
escolar / Maria Irene Miranda. – 2. ed. – São Paulo : Cortez,
2009.

Bibliografia.
ISBN 978-85-249-1449-2

1. Crianças — Dificuldades de aprendizagem 2. Psicologia
da aprendizagem 3. Psicologia educacional 4. Psicopedagogia
I. Título.

08-09394   CDD-370.1523

Índices para catálogo sistemático:

1. Aprendizagem : Dificuldades : Contexto psicopedagógico :
Educação   370.1523
2. Dificuldades de aprendizagem : Contexto psicopedagógico :
Educação   370.1523

Maria Irene Miranda

Problema de aprendizagem na alfabetização e intervenção escolar

2ª edição

PROBLEMA DE APRENDIZAGEM NA ALFABETIZAÇÃO E INTERVENÇÃO ESCOLAR
Maria Irene Miranda

Capa: aeroestúdio
Padronização de arquivos: Liege Marucci
Revisão: Maria de Lourdes de Almeida
Composição: Linea Editora Ltda.
Coordenação editorial: Danilo A. Q. Morales

Nenhuma parte desta obra pode ser reproduzida ou duplicada sem autorização
expressa da autora e do editor.

© 2008 by Autora

Direitos para esta edição
CORTEZ EDITORA
Rua Monte Alegre, 1074 – Perdizes
05014-001 – São Paulo – SP
Tel.: (11) 3864-0111   Fax: (11) 3864-4290
E-mail: cortez@cortezeditora.com.br
www.cortezeditora.com.br

Impresso no Brasil — outubro de 2009

Dedicatória

A *Deus*, por me permitir mais essa realização;

À Profa. Dra. *Cláudia Davis*, orientadora deste trabalho, pela contribuição ímpar;

Ao *Carlos*, meu grande amor, por estar sempre ao meu lado, mesmo nos momentos de solidão;

Aos *profissionais da escola campo*, em especial aos participantes da pesquisa, por aceitarem minhas dúvidas, me ajudando a encontrar respostas e a construir caminhos;

Aos *alunos* pela paciência de nos ensinar a mediar seu processo de aprendizagem;

Aos meus filhos, *David* e *Mayra*, dos quais me orgulho de ser mãe;

Ao *Eduardo Henrique*, meu neto, por me proporcionar um amor inédito;

À minha mãe, *Marne*, exemplo maior de luta, coragem e dedicação;

Às minhas irmãs: *Cláudia*, *Kerly* e *Mariela*, pelo vínculo de amor, amizade e respeito que nos une;

Aos meus sobrinhos: *Guilherme*, *Nicolas*, *Dimitri* e *Vinícius*, que, como todas as crianças, merecem uma escola que eduque para uma vida feliz;

À *Irene*, minha avó, que onde estiver está contente com essa realização;

Aos meus *amigos*, pelos momentos e conversas produtivas e improdutivas.

Sumário

Prefácio 9
   Claudia Davis

Apresentação 15

   1. O problema de aprendizagem na alfabetização 17
   2. A construção do projeto de intervenção escolar:
      realização do diagnóstico psicopedagógico 41
   3. A implementação do projeto de intervenção 89
   4. A análise dos resultados do projeto de intervenção 142
   5. Considerações finais 171

Bibliografa 182

Anexos 187

Prefácio

Este livro é produto do esforço pessoal de uma pesquisadora profundamente comprometida com a educação do Brasil. Maria Irene baseia-se na certeza de que um aprendiz, qualquer que seja ele, pode, além de aprender, se desenvolver, sempre que condições forem oferecidas para tal. Dessa convicção nasce um projeto bem urdido teórica e praticamente, para lidar com alunos que são identificados como apresentando "dificuldades de aprendizagem" já no início do processo de alfabetização. Seu objetivo é reduzir a repetência e a evasão escolar, e fazer com que todos possam experimentar sucesso e tirar proveito da escolarização.

Após descrever brevemente a situação dramática de nossa escola, com elevados índices de repetência e evasão, Maria Irene relata a origem de suas hipóteses de pesquisa: elas remontam ao mestrado, ocasião em que trabalhou em uma escola municipal de Uberlândia (MG). Em seu decorrer, foi ficando claro para ela que os problemas no processo de ensino-aprendizagem deveriam ser solucionados em sala de aula, evitando encaminhamentos de alunos a psicólogos, médicos e outros especialistas. Seria preciso criar e desenvolver um projeto de intervenção psicopedagógica, capaz de fundamentar teoricamente a atividade docente e levar o professor a manter uma prática inter-relacionada à pesquisa. Estavam aí os germes de um profícuo doutorado.

A questão central era, portanto, verificar se uma intervenção psicopedagógica bem cuidada poderia propiciar o desenvolvimento e a aprendizagem de alunos rotulados como "problemas de aprendizagem" durante a alfabetização. Para obter a resposta, Maria Irene realizou uma pesquisa qualitativa, na modalidade de *pesquisa-ação*, em uma outra escola da rede municipal de Uberlândia, escolhida mediante três critérios: *a*) não desenvolver nenhuma ação diferenciada para alunos em processo de alfabetização; *b*) contar com um número elevado de crianças com "problemas de aprendizagem", e, *c*) querer desenvolver um projeto de intervenção. Teve início, então, um trabalho rigoroso e metódico, orientado pela teoria psicogenética de Jean Piaget.

Maria Irene trabalhou juntamente com os professores de 1ª e 2ª séries. Juntos, também, tiveram de inventar caminhos que não existiam, e tirar proveito daqueles já abertos. Como coordenadora, agiu sempre de maneira cuidadosa: não queria destruir o que já estava estabelecido e, sim, promover um exercício de reflexão conjunta, que permitisse, tanto a professores como a alunos, a segurança necessária para enveredar por outras trilhas. Foi, com delicadeza, abrindo e ocupando seu espaço na escola: reunia-se com as professoras, na hora do recreio dos alunos, nos intervalos, cuidando de não invadir a sala de aula. Sem pressa, ia socializando seus achados com o coletivo da escola, para quem ministrava cursos, fazia palestras e sugeria atividades e materiais didáticos. Soube escutar, também, as opiniões dos docentes, suas sugestões, seus anseios e medos. Pouco a pouco, todos estavam envolvidos na tarefa de compreender e superar os problemas do cotidiano escolar.

Maria Irene não esconde jogo nem oculta fatos. Sua preocupação está em contar as dificuldades enfrentadas e os meios empregados para combatê-las. Em prosa bem narrada, apresenta-nos o contexto da pesquisa e seus atores. Descreve como foi o diagnóstico do processo de aprendizagem dos alunos e seus problemas mais frequentes: a indisciplina e a dificuldade em aprender a ler e escrever, aspectos que, na visão dos professores, não tinham origem no espaço escolar, não decorriam de falhas na interação professor-alunos, nem de um ensino pouco adequado. Ao contrário, os docentes apontavam fatores extraescolares, que estavam muito além de suas possibilidades de atuação. Eles não se percebiam como agentes de mudança.

No diagnóstico inicial dos alunos, Maria Irene orientou os professores a seguir com ela o método clínico, pelo qual desafios são apresentados às crianças, respostas questionadas e explicações pedidas. Para tanto, uma série de atividades foi empregada, em uma variedade de contextos e circunstâncias, para identificar o nível de desenvolvimento de cada aluno: o desenho livre, a escrita e leitura do nome próprio, bem como a escrita e a leitura de palavras, números e frases. Fez-se uso, também, da observação do material escolar, de situações informais e de jogos que, somados aos dados de entrevista realizada com os pais, permitiram agrupar as crianças em três níveis de conhecimento, não homogêneos entre si. Cada uma das atividades, em seus diferentes patamares, foi minuciosamente descrita no livro, permitindo que o leitor forme uma visão ampla da situação encontrada pela autora.

Ao fazer isso, Maria Irene não descuida da teoria: ela é magistralmente articulada aos dados, fornecendo um quadro explicativo claro, chão seguro para entender o processo de implementação do projeto de intervenção. Nessa nova fase, Maria Irene amplia-nos o olhar. Vamos aprendendo com ela a refletir constantemente sobre nossa ação, como identificar lacunas, engendrar soluções, alterar o curso das coisas, sem perder de vista o sucesso dos alunos (pela construção de estruturas cognitivas que os levem a aprender) e o sucesso dos professores (mediante uma ação pedagógica efetiva, capaz de remover os obstáculos do aprender). A proposta de ação, igualmente bem exposta, foi organizada por eixos temáticos. Neles, todos os conteúdos eram abordados por meio de procedimentos diversificados, construtivos e dialógicos e de atividades adaptadas à compreensão do aluno, ao seu nível evolutivo e ao seu grau de domínio sobre o sistema alfabético. É nesse universo de ensaios, de buscas, de encontros e desencontros que Maria Irene nos convida a entrar.

Segue-se uma nova avaliação, para verificar se houve avanços nos níveis de conhecimento dos alunos e se a intervenção estava sendo bem-sucedida. Os procedimentos seguidos no diagnóstico inicial foram retomados e os resultados já mostravam alteração positiva em apenas poucos meses. Os alunos deslocavam-se dos níveis de conhecimento mais precários (I e II) para outros mais avançados (III). Alguns já estavam alfabetizados, ainda que pudessem apresentar pequenas dificuldades na leitura e na escrita. Estávamos apenas na metade do ano letivo e as atividades de intervenção continuavam, agora com base nesse segundo diagnóstico. Os professores, contentes com os resultados, empenhavam--se cada vez mais, entusiasmando a escola. Nesse clima de efervescência, de animação, o ano termina, indicando que era chegada a hora de verificar se o trabalho desenvolvido tinha atingido a sua finalidade. As professoras envolvidas no projeto dispensavam uma avaliação formal de seus alunos, uma vez que os tinham acompanhado de perto. Mas, por incompatível que fosse, em uma visão construtivista, avaliar por meio de provas com notas, essa era uma exigência de outras instâncias, como o Colegiado da escola e a Secretaria Municipal de Educação. Após muita negociação, chegou-se a uma solução conciliatória: a maior parte da nota (60% dela) seria formada pela avaliação do progresso e do envolvimento do aluno nas atividades cotidianas. Os demais 40% seriam aferidos pelo desempenho na prova, cuidando para que não se criassem ansiedades descabidas. Observou-se, novamente, uma nova distribuição dos alunos nos níveis de desempenho e a maioria foi aprovada. Melhor de tudo, a escola mudou: as professoras decidiram manter o projeto, que se estendeu para uma 3ª série. Esses resultados foram ilustrados contrastando dois casos: o de um aluno que saiu do nível II e terminou alfabetizado e outro, que permaneceu, durante toda a intervenção, no nível I e acabou reprovado.

O trabalho de Maria Irene apresenta-nos uma imagem viva de escola e de seus vários processos. Por seu intermédio, acompanhamos o desenvolvimento intelectual dos alunos na leitura e na escrita, com seus avanços, suas continuidades e rupturas. Não estamos diante de figuras abstratas ou idealizadas: seus alunos e professores, pessoas como tantas outras, foram os protagonistas dessa história que ela tão bem coordenou. Tudo isso faz com que esse livro tenha voz própria. Ele nos convida ao risco, a assumir nossa responsabilidade na tarefa de organizar deliberadamente as aprendizagens das novas gerações, considerando sempre o passado e o futuro. É nesse presente sempre instável, pleno de história e de esperança, que temos de intervir como educadores. E o presente, como bem sabe Maria Irene, é urgente, porque é agora. É como se ela nos dissesse: "quem sabe faz a hora, não espera acontecer".

Claudia Davis
Professora do Programa de Estudos Pós-graduados
em Psicologia da Educação da PUC-SP

Apresentação

Este trabalho consiste de uma pesquisa de intervenção realizada em uma escola municipal da cidade de Uberlândia (MG). O processo de investigação e ações intervencionistas teve como objetivo principal *verificar os efeitos da intervenção escolar no enfrentamento dos "problemas de aprendizagem" dos alunos durante a alfabetização, investigando, ainda, a contribuição das professoras alfabetizadoras e da pedagoga nesse processo*. Houve, dessa forma, o compromisso de tentar amenizar a evasão e a repetência, possibilitando o desenvolvimento dos alunos que se encontravam nessa condição. Para tanto, o trabalho foi organizado a partir da apresentação do problema de aprendizagem na alfabetização, justificando a pertinência e relevância científica e social do estudo. A trajetória metodológica foi delineada de acordo com os princípios da *pesquisa-ação*. Essa modalidade de pesquisa tornou-se pertinente dada suas condições de interferir na realidade, buscando transformá-la conforme as necessidades, expectativas do grupo e condições histórico-culturais do contexto (capítulo 1). Para construção do projeto de intervenção escolar os instrumentos utilizados para a coleta de dados nessa fase inicial foram o diagnóstico psicopedagógico, os questionários e a observação (capítulo 2). Por meio da análise dos dados, respaldada no referencial teórico piagetiano, tornou-se possível conhecer melhor os participantes da pesquisa — alunos, professoras e pedagoga — e propor ações intervencionistas, compreendendo, assim, a fase de implementação (capítulo 3). Os resultados da intervenção foram analisados à luz dos objetivos almejados, relatando o complexo cotidiano das ações (capítulo 4). A análise dos resultados levou à seguinte conclusão: a partir do enfrentamento dos obstáculos do contexto escolar, por meio de projetos voltados para alunos e professores, é possível modificar a realidade educacional de alunos sujeitos ao fracasso, o que significa transformar suas possibilidades de inclusão social e de cidadania (capítulo 5).

Maria Irene Miranda

1

O problema de aprendizagem na alfabetização

> O importante é que cada indivíduo tenha a oportunidade de evoluir, partindo das raízes do seu próprio ser.
>
> H. Chaudhur

Às margens do terceiro milênio, quando se tenta superar a estrutura educacional seletiva e excludente e estabelecer um paradigma de formação humana integral, ainda vigora no contexto escolar a cultura do fracasso e da exclusão. Essa cultura permeia os diferentes momentos históricos e atualmente pode ser identificada, também, na grande incidência de alunos considerados "problema de aprendizagem" (P. A.), os quais tendem a fracassar pela repetência e/ou pela evasão.

Dessa forma, pode-se sugerir que a educação ainda é privilégio de alguns, uma vez que, apesar dos avanços quantitativos, ainda não é possível assegurar a permanência do aluno na escola, o qual fica privado de efetivar um dos direitos fundamentais de cidadania, que se refere ao acesso aos conhecimentos sistematizados. Assim sendo, a escola cumpre, com muitas lacunas e problemas, a sua função social, que consiste no processo de formação que instrumentaliza o sujeito para alcançar sua condição de cidadão, desenvolvendo suas capacidades e habilidades.

A literatura sobre o assunto e a experiência em instituições educacionais revelam que são considerados alunos com problema de aprendizagem (P. A.) aqueles que:

> [...] não conseguem acompanhar o ritmo da turma e apresentam dificuldades na leitura e escrita, na memorização, na cópia, em conceitos básicos de matemática, entre outros. Manifestam por vezes atitudes agressivas, falta de iniciativa e de interesse pelas atividades propostas pelo professor. A maioria dos alunos é repetente por vários anos e não demonstra um desenvolvimento satisfatório. (Miranda, 2000, p. 19)

A atribuição aos alunos desse tipo de classificação, quando comum entre os professores, estabelece um parâmetro de normalidade, almejado na avaliação, ao mesmo tempo em que, ao ressaltar as dificuldades, bloqueia as capacidades: desconsidera o potencial e a plasticidade do processo de aprendizagem. Isto significa rejeitar a possibilidade de modificar as condições do aprender, de forma a viabilizar o desenvolvimento do sujeito. Criam-se representações que dificultam pensar e atuar positivamente para o desenvolvimento desses alunos.

Estudos (Patto, 1984, 1990; Rosenthal e Jacobson, 1989) apontam que a forma como o professor interage com o aluno, assim como suas expectativas em relação ao seu desenvolvimento, interfere no resultado do processo ensino-aprendizagem. O educador tende a ser um mediador mais eficaz quando acredita no aluno, criando situações propícias para sua aprendizagem e desenvolvimento. Porém, quando existe uma expectativa negativa em relação às possibilidades do aprendiz, o professor tende a não se esforçar muito, pois não acredita que este possa corresponder ao que dele se espera. Por outro lado, o processo de formação docente prepara o futuro educador para atuar junto a um aluno ideal, cujo perfil é bem distinto da maioria dos educandos das escolas públicas brasileiras. Nas palavras de Barreto, in Rocha,

PROBLEMA DE APRENDIZAGEM NA ALFABETIZAÇÃO ...

O preparo pedagógico que (o professor) recebeu foi todo concebido em função de um aluno ideal, limpo, sadio, disciplinado e inteligente, preparado para assimilar um determinado quantum de informações sistemáticas e com condições de aprimorar as atitudes que traz do ambiente familiar. (1999, p. 71)

A maioria dos professores carrega a herança da baixa qualidade de ensino no Brasil, que se agravou a partir dos anos 1960, com o ingresso na escola das classes menos favorecidas, resultando na baixa formação teórica, que impede o desenvolvimento das habilidades e competências cognitivas, operativas e relacionais. O bom professor precisa ser comprometido com o seu trabalho, dispor de conhecimentos para tomar decisões, ter raciocínio claro para resolver problemas, ampliar sua análise da realidade, ser curioso e desconfiar das aparências. A insuficiência de formação teórica dificulta uma reflexão analítica da prática e não possibilita a produção de soluções para os problemas escolares de ensino e aprendizagem.

Uma revisão dos significados de "Problemas de Aprendizagem" revela a existência de explicações políticas, econômicas, sociais e psicológicas, as quais foram produzidas de forma fragmentada ao longo dos anos, no contexto educacional brasileiro. Do ponto de vista político-econômico, é possível constatar que desde que a escola se abriu para os materialmente carentes, as desigualdades sociais inerentes ao sistema capitalista tornaram-se mais explícitas. O conhecimento científico passou a ser utilizado, também, para justificar tais desigualdades, de modo que os fatores que deveriam ser analisados como efeitos foram considerados como causas. Nesta vertente, os problemas familiares, o nível socioeconômico e de escolaridade dos pais passaram a ser utilizados como justificativas para os problemas escolares, isentando a escola de suas responsabilidades.

A estrutura social e o modo de produção capitalista não foram questionados. A ideologia do trabalho livre e da igualdade perante a lei encobre a essência da vida social. Na tentativa de análises mais críticas, foi possível observar um discurso de denúncia em relação à falta de investimento na educação, à escassez de recursos humanos e materiais, à burocracia e ao desperdício comum nos sistemas administrativos; esse discurso, porém, não se traduziu em efetivas mudanças estruturais.

Com base na ciência positiva, alguns estudos de psicologia serviram para "justificar" as diferenças individuais e sociais, afirmando que as capacidades intelectuais são herdadas geneticamente. Dessa ótica, portanto, as causas do fracasso escolar são inerentes ao aluno. Para efeito de comprovação, foram utilizados os testes de Q. I., embasados em concepções estáticas de inteligência e desvinculados da realidade do educando. Neste contexto, as ciências médicas e biológicas influenciaram o conceito de normalidade e as crianças que não aprendiam foram consideradas "anormais", ou seja, portadoras de uma anomalia anatomofisiológica.

As primeiras considerações sobre o fator social no processo de aprendizagem só foram observadas após a introdução da psicanálise na área médica, chamando atenção para a importância das relações sociais estabelecidas pela criança, seja com adultos (professores, família etc.) ou com outras crianças.[1] Mesmo assim, na década de 1960, foi possível constatar a invasão de termos como "disfunção cerebral mínima" (DCM), "dislexia", "hiperatividade", dentre outros, cujos significados não eram consensuais entre psicólogos, fonoaudiólogos e neuropsiquiatras. De qualquer forma, essas terminologias foram importadas para rotular os alunos e "justificar" o fracasso escolar. Os diagnósticos serviam mais para confundir do que para esclarecer, uma vez que quase sempre autorizavam uma intervenção medicamentosa, desconsiderando a multicausalidade da situação e desestimulando qualquer tentativa de interferência no fator pedagógico. Este processo de "patologização" dos problemas de aprendizagem estava respaldado em uma visão reducionista da questão, que investigava o problema com base em um único aspecto e propunha encaminhamentos medicalizantes (aspecto biológico) ou psicologizantes (aspecto psicológico).[2] Tal reducionismo está enraizado

---

1. Para aprofundar o estudo sobre a influência do fator social no processo de aprendizagem, ver o trabalho de Ramos (1939), o qual serve de referência para abordagens do ambiente sociofamiliar da criança considerada problema de aprendizagem.

2. Sobre o processo de patologização e a visão medicalizada dos problemas do processo ensino-aprendizagem, ver o trabalho de Collares e Moysés (1996).

na tradição das ciências físicas e biológicas, cujo prestígio metodológico, predominante até o século XIX, impunha o mesmo método de investigação a todas as ciências, buscando estabelecer a unidade das ciências sociais e humanas, o que implicou desconsiderar suas especificidades. Somente no final da década de 1970, sob a influência neomarxista, foi possível observar um certo enfraquecimento da hegemonia dos paradigmas de pesquisa dominantes, incentivando outros métodos de investigação nas ciências sociais e humanas. Neste período e no início da década de 1980, sob a influência da teoria da privação cultural e da tese crítico-reprodutivista de Bourdieu e Passeron, a escola passou a ser questionada por não estar preparada para receber a criança oriunda das classes baixas. Porém, os fatores extraescolares ainda eram preponderantes, uma vez que as crianças pobres continuavam sendo consideradas culpadas por seu fracasso na escola, desta vez pelo fato de pertencerem a um meio sociocultural desprivilegiado, o qual era tido como dificultador da aprendizagem. Em contrapartida, a escola insistia na educação compensatória, proposta desde a década de 1960 para suprir as supostas defasagens do meio cultural desses alunos. Connell (1995) demonstra, no entanto, que os resultados dos programas compensatórios confirmam a manutenção do sistema de exclusão e fracasso. Por outro lado, a ideia de compensação é discriminatória, pois pressupõe a superioridade cultural de algumas classes sociais, colocando a cultura das classes populares como inferior e defasada. Historicamente, as análises

> ... vão desde o déficit e diferença cultural, apontando como culpado o aluno, sua família, seu meio, passam por análises genéricas dos mecanismos sociais e governamentais produtores de fracasso escolar, que acabam culpando o sistema de ensino, impessoal e sem face, e chegam a análises dos processos intra-escolares, que produzem dificuldades de aprendizagem, e acabam por culpar o professor ou o conjunto dos educadores presentes na escola. (Oliveira, 1999, p. 11)

Somente no final da década de 1980 e início de 1990 foi possível observar estudos realizados com uma visão mais holística e complexa dos fatores que envolvem o processo de aprendizagem (Pain, 1992;

Fernández, 1991; Dolle e Bellano, 1996; Castorina, 1985, 1988; Montoya, 1996). Ainda nesse período, contribuindo para uma concepção pluralista do processo de aprender, a psicopedagogia, tributária da psicologia e da pedagogia, respaldou diversos trabalhos multidisciplinares sobre a aprendizagem e seus desvios, assim como ações intervencionistas embasadas, principalmente, na teoria psicogenética de Jean Piaget. Segundo Miranda

> Tal intervenção psicopedagógica se dá no sentido de viabilizar, pelo indivíduo, a utilização de suas competências, favorecendo a reconstrução das ações no plano da representação. Para tanto, faz-se necessário abandonar o uso abusivo de atividades figurativas estáticas, como exercícios repetitivos e generalizações perceptivas, bem como a reprodução de objetos estereotipados e descontextualizados. Do ponto de vista educativo (ou reeducativo), trata-se a princípio de inserir a criança em atividades de organização representativa do real e não naquelas de organização lógico--matemática. (2000, p. 56)

O enfoque psicopedagógico alerta para a necessidade de uma visão do todo, ou seja, tanto os fatores intervenientes, como as condições internas e externas do processo de aprender, são significativos para a compreensão da realidade de alunos considerados como problema de aprendizagem (P. A.).

Considerando o trabalho na instituição escolar, é possível identificar duas naturezas de intervenção psicopedagógica: uma curativa ou terapêutica e outra preventiva, podendo, tanto uma como a outra, ser desenvolvida individualmente ou em grupo. A primeira busca solucionar problemas relacionados ao processo de ensino e aprendizagem, enquanto a segunda pretende prevenir o surgimento de problemas no referido processo. Ambas têm como objetivo geral possibilitar a construção do conhecimento, (re)integrando o aluno, ou mantendo-o, na situação de sala de aula, sempre favorecendo sua aprendizagem e desenvolvimento.

Para que ocorra a intervenção, faz-se necessário um trabalho de equipe, envolvendo os docentes, os pedagogos, os alunos e suas famílias. O primeiro procedimento refere-se à realização de um diagnóstico da realidade escolar, buscando detectar os problemas e suas causas. O diagnóstico psicopedagógico significa uma investigação da aprendizagem que considera a totalidade dos fatores intervenientes no ato de aprender. Não secundariza, portanto, a mediação do professor, enquanto responsável pelo ato de ensinar e, tampouco, a influência da família, a qual é a primeira referência para o "vir a ser" do aluno.

O processo diagnóstico, assim como a intervenção, é interdisciplinar, pois está embasado em diferentes áreas do conhecimento (pedagogia, psicologia, neurologia etc.), estabelecendo uma interação entre elas. Uma outra característica do diagnóstico psicopedagógico é seu caráter contínuo, ou seja, ele é inicial — no momento de conhecer a situação —, e processual — no momento de avaliar os resultados da intervenção, planejada a partir dos dados coletados no diagnóstico.

Uma proposta de intervenção psicopedagógica considera o aluno como construtor de conhecimentos. Busca, portanto, criar situações propícias para que isso ocorra. O docente é visto como um mediador que estabelece, com o aluno, relações favoráveis à aprendizagem. Dessa forma, há espaço para questionamentos, dúvidas e erros. Este último, na perspectiva construtiva, é um indício de como o aluno está organizando seu pensamento, criando suas hipóteses e construindo conceitos. Sendo assim, a avaliação deixa de ser classificatória e excludente para ser diagnóstica, processual e formativa. Ao revelar o nível de desenvolvimento e as aquisições conceituais, procedimentais e atitudinais dos alunos, a avaliação possibilita o (re)planejamento do professor, de forma a atender às necessidades dos educandos.

Não há modelos preestabelecidos, ou seja, o parâmetro de avaliação é o próprio aluno e suas construções. Sendo assim, não há reprovação e nem promoção automática, sem domínio do conhecimento: o aluno caminha em conformidade com seu ritmo. Em outras palavras, não é possível pensar em retenção ou reprovação, pois ninguém pode ser retido ou reprovado em seu processo de desenvolvimento. O conteúdo não perde sua importância, visto ser um meio de desenvolver as habilidades, e não tem um fim em si mesmo, uma vez que é interdisciplinarmente abordado na cotidianidade, isto é, problematizado e investigado a partir de questões colocadas pelo contexto histórico-sociocultural. As atividades são as mais diversificadas possíveis, atendendo ao nível de compreensão e interesse dos alunos.

Na intenção de entender melhor a situação de alunos considerados como tendo problemas de aprendizagem, foi realizada uma pesquisa de campo em uma escola do município de Uberlândia (MG). Os participantes eram alunos P. A.[3] na fase de alfabetização e o objetivo era analisar suas representações a respeito de suas próprias condições (aluno com dificuldade de aprendizagem), as quais são construídas a partir da interação existente entre o seu desenvolvimento cognitivo e afetivo e as formas de socialização constituídas nas interações com seus pares e adultos. Essas interações consistiam em interações sociais, caracterizadas por relações assimétricas tanto com os pares quanto com os professores, o que limitava a capacidade de emancipação intelectual, moral e afetiva. Esse tipo de relação mantém as pessoas na ignorância, na dependência e na submissão; portanto, mesmo imerso na cultura, não são todas as relações sociais que favorecem o desenvolvimento.

Na tentativa de superar os problemas de aprendizagem, a escola desenvolvia um programa no extraturno, que atendia alunos com necessidades educativas especiais e com problemas de aprendizagem.[4] Os resultados apresentados eram positivos: a maioria dos alunos conseguia reintegrar-se no sistema regular de ensino, recuperando inclusive sua autoestima. Por outro lado, a existência do programa reafirmava a discriminação, marcando aqueles que não aprendiam "normalmente". Isso quer dizer que existia um padrão de normalidade estabelecido pela escola, cujo parâmetro era o rendimento dos alunos que acompanhavam o ritmo imposto pelo professor. Aqueles que apresentavam rendimento

---

3. A pesquisa teve referencial teórico piagetiano e foi desenvolvida durante minha dissertação de mestrado na Universidade Federal de Uberlândia (MG). Para maior conhecimento ver: MIRANDA, Maria Irene. Crianças com problemas de aprendizagem na alfabetização — contribuições da teoria piagetiana. Araraquara: J. M. 2000.

4. A Secretaria Municipal de Educação de Uberlândia desenvolve o Programa Ensino Alternativo com o objetivo de favorecer a inclusão do aluno com necessidades educativas especiais e com problema de aprendizagem no sistema regular de ensino.

inferior eram considerados como problema de aprendizagem. Os fatores que interferiam nesse processo eram tidos como externos à escola, ou seja, a responsabilidade era sempre do aluno e de sua família. A estrutura organizacional e pedagógica da instituição escolar em nenhum momento era questionada.

A pesquisa revelou, ainda, que a metodologia utilizada era massificadora, isto é, trabalhava da mesma forma com todos os alunos, independentemente de sua realidade social, cultural, cognitiva e afetiva. Sendo assim, nem sempre os procedimentos didático-pedagógicos dos docentes eram os mais adequados aos diferentes perfis dos alunos, não desencadeando uma atividade construtiva por parte do educando. Este precisava ter alcançado um determinado nível de competência para que a sua participação numa dada interação social resultasse em progresso desenvolvimental. Uma outra condição para que a interação com o outro resultasse em progresso cognitivo era a existência de conflitos sociocognitivos, divergências de pontos de vista. No entanto, a dinâmica de sala de aula não propiciava essa condição. O docente tinha (ou pensava ter) o controle do processo de ensino e aprendizagem, estabelecendo normas e modelos que enfatizavam a dependência, o conformismo, o respeito unilateral; enfim, a heteronomia. As possibilidades de êxito dos alunos ficavam diminuídas, pois, silenciados no campo social e moral (por meio de mecanismos de punições e recompensas), não se sentiam livres para expressar suas ideias no campo intelectual.

É importante salientar que o trabalho de pesquisa não pretendia negar a existência de sujeitos com dificuldades de aprendizagem, buscando, antes, alertar para que as supostas diferenças ou dificuldades não se transformassem em estigma, ou seja, em "uma situação em que o indivíduo está inabilitado para uma aceitação social plena" (Goffman, 1982, p. 7). Por outro lado, existia a crença na modificabilidade cognitiva, mediante situações apropriadas às necessidades dos sujeitos. Propor situações adequadas à aprendizagem sempre foi algo importante e imperioso, constituindo, no entanto, dificuldade para os professores, que se sentem perdidos na sucessão de modelos e linhas que, a cada década, surgem no horizonte pedagógico e são acriticamente aceitas nas escolas.

Segundo depoimento dos professores, eles não se sentiam preparados para trabalhar de forma diferenciada em sala de aula, apesar de reconhecerem que uma atuação assim seria mais pertinente à aprendizagem dos alunos. Alguns demonstravam ansiedade e frustração por não se sentirem aptos a realizar um trabalho diversificado que atendesse às especificidades da turma. Sendo assim, eram comuns os encaminhamentos para especialistas (psicopedagogos, psicólogos, neurologistas etc.), o que significava desistir de enfrentar os problemas que surgiam em sala de aula, dificultando a construção do conhecimento por parte do aluno. Esse dado confirmou a influência do defasado processo de formação docente, assim como a necessidade de formação continuada, por meio da qual o educador pode conquistar elementos teórico--metodológicos para refletir sobre sua prática, adequando-a à realidade de seus alunos. A atuação docente, se fundamentada em pesquisas e estudos, pode prevenir o surgimento de casos de alunos com dificuldades para aprender, uma vez que a qualidade da aprendizagem é influenciada, também, pela qualidade do desempenho profissional do professor. Nesse sentido, Mantovanini faz a seguinte colocação:

> Muitas vezes, após uma avaliação individual mais apurada desses alunos, foi possível inferir que, se tivessem experimentado outro tipo de assistência e intervenção dentro da própria escola, não teriam se tornado um caso clínico, um aluno problema. Suas dificuldades escolares poderiam não ter se transformado em sintomas instalados ou em "distúrbios". (1999, p. 19)

Diante dessa realidade, foi possível pontuar duas inferências inter--relacionadas:

1. Se o trabalho em sala-alternativa marcava o aluno, as ações deveriam ser desenvolvidas, principalmente, na sala de ensino regular, o que poderia significar, também, uma medida preventiva, no sentido de evitar futuros "desvios" e, consequentemente, a "síndrome do encaminhamento". Os problemas deveriam ser, pois, solucionados no âmbito em que se manifestavam.

PROBLEMA DE APRENDIZAGEM NA ALFABETIZAÇÃO ...

2. Considerando as dificuldades dos professores regentes, percebeu-se a demanda por um profissional que coordenasse um projeto de intervenção psicopedagógica voltado para as necessidades da escola. Para tanto, ele precisava estar bem fundamentado teoricamente e ter uma prática inter-relacionada à pesquisa.

Os resultados dessa investigação deram origem a uma nova pesquisa, desta vez desenvolvida durante o curso de doutoramento da pesquisadora. Na intenção de contribuir para a promoção de ações escolares mais eficientes, foi proposta a construção de um projeto de intervenção psicopedagógica, apoiado na crença de que, para mudar a realidade, se faziam necessárias ações concretas rumo à direção desejada. Nas palavras de Vasconcellos:

> Educação é vida; vida é projeto; educação é projeto! Projeto significa a crença, a esperança, a confiança de que as coisas podem ser diferentes do que vêm sendo. O projeto é de quem está vivo. É o projeto que dá sentido aos limites que preservam a vida e ajudam a crescer. (2002, p. 28)

O projeto teve como objetivo principal verificar os efeitos de uma intervenção escolar no enfrentamento dos "problemas de aprendizagem" dos alunos durante a alfabetização, investigando, ainda, a contribuição das professoras alfabetizadoras e da pedagoga[5] nesse processo. Dessa forma, houve o compromisso de tentar amenizar a evasão e a repetência, possibilitando o desenvolvimento dos alunos P. A. Desencadeou-se, assim, a construção de um projeto de ação na escola, voltado para as necessidades dos alunos e das professoras alfabetizadoras, que incentivasse e orientasse a ação pedagógica, via formação continuada da pedagoga e das professoras.

Para estudar os problemas de aprendizagem de crianças na fase da alfabetização e propor um projeto de intervenção psicopedagógica que contribuísse para o sucesso de educandos e educadores, fez-se necessá-

---

5. Pedagogo é o educador licenciado em Pedagogia e que, na escola, juntamente com os docentes, é o gestor do processo pedagógico.

rio ultrapassar os entendimentos imediatos acerca deste fenômeno e buscar explicações com base na realidade observada. Partiu-se, no entanto, do princípio de que não existem verdades absolutas e nem conhecimentos definitivos: o referencial teórico, a opção metodológica e as condições sociais do fenômeno estudado influenciam e relativizam os resultados obtidos. Dadas as possibilidades de trajetória do trabalho, diante do objetivo almejado, optou-se pela *pesquisa-ação*, acreditando na possibilidade de encontrar meios capazes de responder, com maior eficiência, aos problemas vivenciados e de estabelecer diretrizes de ação transformadora. Trata-se de produzir ações de efeito positivo, por meio do trabalho coletivo, orientadas a favor da resolução de problemas ou de objetivos de transformação.

Segundo André,

> há, assim, um sentido político muito claro nessa concepção de pesquisa: partir de um problema definido pelo grupo, usar instrumentos e técnicas de pesquisa para conhecer esse problema e delinear um plano de ação que traga algum benefício para o grupo. Além disso, há uma preocupação em proporcionar um aprendizado de pesquisa da própria realidade para conhecê-la melhor e pode vir a atuar mais eficazmente sobre ela, transformando-a. (1995, p. 33)

O planejamento do estudo ocorreu de forma flexível, considerando aspectos relacionados às demandas apresentadas e articulando a investigação à intervenção, permitindo a simultaneidade do investigar e do intervir. Não houve, dessa maneira, uma prévia ordenação temporal de fases, mesmo porque as ações foram definidas no decorrer do processo, envolvendo momentos distintos e inter-relacionados de *construção, implementação e análise dos resultados do projeto*. O encaminhamento metodológico não significou, assim, "apenas uma questão de rotina de passos e etapas, de receita, mas de vivência de um problema, com pertinência e consistência em termos de perspectivas e metas" (Gatti, 2002, p. 53).

Para organização do trabalho, os níveis de participação dos envolvidos no projeto foram distintos, tendo em vista as possibilidades de análise da realidade escolar também serem distintas: a pesquisadora tinha uma "leitura" dos problemas de aprendizagem fundamentada, principalmente, na experiência de sala de aula, na literatura e em pesquisas de campo anteriores; já as professoras e a pedagoga tinham outras, embasadas na cultura escolar e nos saberes advindos da experiência. Essa diversidade foi fator de enriquecimento, porém o esclarecimento é pertinente para que a ideia de participação não resulte em interpretações ideologizadas e equivocadas, conforme indicam Thiollent (1982) e André (1995). Em vários momentos do trabalho, a pesquisadora assumiu a responsabilidade de planejar, apresentar propostas, orientar e avaliar.

O projeto em campo foi coordenado pela pesquisadora, que contou com o apoio da pedagoga (coordenadora pedagógica da escola), uma vez que se considerou ser ela um profissional a quem também cabia articular e promover a participação das professoras em uma dinâmica de trabalho que, embasada na reflexão sobre a própria prática, permitiria sua análise e compreensão. Estas, por seu lado, subsidiariam propostas de mudanças. A ação foi, assim, construída com as docentes e não para as docentes, o que significou considerá-las como produtoras de saberes. Este procedimento favoreceu a formação continuada das professoras e da pedagoga no próprio contexto de trabalho.

O campo de investigação e intervenção foi uma escola municipal de ensino fundamental, situada em um bairro de periferia da cidade de Uberlândia (MG). A instituição atendia 812 alunos da pré-escola à 4ª série do ensino fundamental, em regime seriado, sendo 414 no turno da manhã, e 398 no turno da tarde. Se na escola não existia uma opção metodológica, no cotidiano de sala de aula eram, no entanto, desenvolvidos procedimentos diversificados, que tentavam caracterizar uma prática construtivista. Não obstante, atividades descontextualizadas e desprovidas de significação para o aluno foram observadas. Foi o caso, por exemplo, de trabalhos de ortografia para crianças que não dominavam o alfabeto. Tais procedimentos indicaram desconhecimento de que, na visão construtivista, explicações e atividades precoces podem paralisar a capacidade da criança de interpretar a realidade e, desse modo, não fazem nenhum sentido na escola. Na medida em que as professoras não compreendiam a incompatibilidade teórica e metodológica desse procedimento, suas ações não se definiam como construtivas, pois a influência do senso comum era mais forte do que a intenção que regia a prática.

O estudo foi realizado na escola (e não sobre a escola), em sua complexidade cotidiana e no contato direto com os participantes e colaboradores, considerando suas características, demandas e dificuldades. Para a pesquisadora, essa participação direta, bem como a vivência com o fenômeno em todos os seus aspectos foi fundamental. Se é na escola que acontecem as relações de ensino e aprendizagem, as contradições e onde se manifestam os problemas de aprendizagem da leitura e da escrita, estar na escola significou entrar em contato com o fenômeno, vivenciá-lo em seus diferentes significados e implicações. Essa possibilidade enriqueceu e ampliou os horizontes da investigação, assim como sinalizou alternativas de intervenção.

A escola apresentava os seguintes aspectos:

- Não desenvolvia nenhuma ação diferenciada para atender alunos na fase de alfabetização;
- Apresentava um número acentuado de alunos considerados como tendo "problemas de aprendizagem" (P. A.);
- Estava disposta a participar da pesquisa e desenvolver um projeto de intervenção.

No primeiro momento do trabalho, foi realizado um levantamento das necessidades, expectativas e atribuições acerca do fenômeno em estudo. Para tanto, foram estabelecidos contatos diretos com a escola por meio de reuniões, visitas de reconhecimento do local, conversas informais com representantes dos sujeitos envolvidos. A investigação acerca das dificuldades de aprendizagem buscou não apenas compreender o fenômeno mas, também, identificar alternativas intervencionistas para sua superação. Isso não significou atribuir aos problemas um sentido pragmático e restrito e nem reduzir o estudo à busca de solução de pequenos impasses do cotidiano. Por assim ser, foram selecionadas as questões consideradas fundamentais e de sentido mais amplo, cujas respostas não eram evidentes e que justificavam, portanto, uma investigação rigorosa. Durante esse processo, a mediação teórico-conceitual foi muito importante, pois subsidiou as questões práticas, orientando-as.

Isto posto, os seguintes questionamentos foram levantados:

- O que os professores entendem por alunos com problemas de aprendizagem na alfabetização?
- Qual a concepção dos professores acerca do processo de alfabetização?
- Qual a concepção dos professores a respeito do processo de ensino-aprendizagem?
- Como identificar e sanar as dificuldades dos alunos e do processo pedagógico?
- Como deve ser a interação dos participantes da dinâmica escolar para construir, implementar e analisar um projeto voltado para solucionar problemas na alfabetização?

Havia a hipótese de que todos os alunos podiam aprender, desde que os professores soubessem como os ensinar. Para tanto, deveriam contar com apoio teórico e metodológico, por meio do qual seriam desfeitas noções equivocadas acerca das possibilidades de aprendizagem dos alunos e, ainda, apresentadas atividades para favorecer o seu desenvolvimento. Para verificar a sustentação empírica da hipótese, foi necessário recorrer à ação, uma vez que ela (hipótese) consistia na tentativa de responder, de forma operativa, às questões colocadas na investigação. "Trata-se de hipóteses sobre o modo de alcançar determinados objetivos, sobre os meios de tornar a ação mais eficiente e sobre a avaliação dos possíveis efeitos, desejados ou não" (Thiollent, 1994, p. 57).

A princípio, *o universo do estudo* era constituído de oito professores alfabetizadores, dois pedagogos e 67 alunos considerados como problema de aprendizagem, conforme indica o quadro a seguir.

Quadro 1. Número de alunos por série e turnos

Manhã	Tarde	Total/ Série
1ª série: 11 alunos	1ª série: 36 alunos	1ª série: 47 alunos
2ª série: 20 alunos	2ª série: —	2ª série: 20 alunos
Total por turno: 31 alunos	Total por turno: 36 alunos	Total geral: 67 alunos

Esse total representava 21% dos alunos da 1ª e 2ª séries. Por se tratar de um universo numeroso e esparso, foi feita uma seleção intencional, elegendo o turno da manhã para a realização do trabalho. A opção pelo referido turno ocorreu após serem encontradas, nos participantes deste período, melhores condições para o desenvolvimento do estudo. No período da manhã existiam 31 alunos de 1ª e 2ª séries, o que ampliou o contexto para coleta de dados, uma vez que o processo de alfabetização estava concentrado, principalmente, nestas séries. O contato com alunos da 2ª série revelou as implicações das dificuldades vivenciadas por estes desde a série anterior, assim como a sequência estabelecida no trabalho pedagógico. Por outro lado, havia uma queixa da escola quanto às dificuldades dos alunos nesta série, acompanhada de uma solicitação para que o estudo envolvesse esses sujeitos. De fato, houve uma seleção intencional respaldada em critérios favoráveis aos objetivos propostos.

Os alunos eram crianças sofridas. Suas histórias de vida revelavam sacrifícios da família, que repercutiam sobre as crianças. Era comum os pais ou responsáveis saírem muito cedo para trabalhar, retornando para casa somente tarde da noite. Nesse período as crianças ficavam sozinhas, aos cuidados de um irmão um pouco mais velho ou de um vizinho que a elas se dedicava quando era possível. As crianças ficavam a maior parte do tempo na rua, sem horário para se alimentar, banhar ou para se preparar para ir à escola, o que implicava não fazer as tarefas escolares e não estudar fora do horário de aula. Ficar na rua permitia, ainda, estar vulnerável aos mais diversos exemplos de condutas, sem receber uma orientação sobre sua adequação ou não, mas sendo punidas pelos pais ou por seus pares por alguma atividade tida como ilícita.

O bairro era considerado violento, com incidências de tráfico de drogas e roubo.

As crianças não apresentavam hábitos de higiene desenvolvidos: frequentavam a escola com roupas e sapatos sujos, sem tomar banho, às vezes, até com um cheiro forte no corpo e cabelos despenteados. Diante dessa realidade, foram sugeridos trabalhos de conscientização junto à família, informando sobre a importância de hábitos e atitudes referentes aos cuidados com o corpo, sobretudo para as crianças nessa faixa etária, quando estão construindo identidades e valores, que irão respaldar sua vida adulta. Para que ocorresse esse trabalho seria necessário que a escola conseguisse trazer os pais para participarem de forma mais efetiva e ativa da vida acadêmica de seus filhos. Poderiam ser oferecidas palestras, cursos diversos, eventos esportivos e culturais, de acordo com o interesse da comunidade. Seria importante que essas ações fossem constantes e fizessem parte do planejamento da escola, na medida em que, de outra forma, seriam pouco produtivas: mudanças de hábitos já cristalizados ocorrem por processos de reeducação, com ações contínuas e não esporádicas.

O total de alunos envolvidos no projeto variou no decorrer do processo. Em 2002, eram 31 alunos, com idades entre 6 e 11 anos, sendo 24 do sexo masculino e 7 do sexo feminino. Desse total, 9 crianças eram repetentes na série e 22 a cursavam pela primeira vez. Ao final do ano letivo de 2002, dos 31 alunos, 2 foram aprovados (1 menino e 1 menina), 5 saíram da escola (4 meninos e 1 menina) e 24 foram reprovados (19 meninos e 5 meninas). No início do ano letivo de 2003, os 24 alunos reprovados eram os envolvidos na implementação do projeto. Desses, 3 (meninos) pediram transferências para outras escolas, restando 21 alunos (16 meninos e 5 meninas), que permaneceram até o final do estudo.

O total de professores participantes do projeto também variou no decorrer do processo. Em 2002, eram 5 professoras com idade entre 29 e 51 anos e com experiência docente oscilando entre 7 e 17 anos. O nível de formação das cinco docentes variava entre o magistério de 2° grau (2 professores), curso de pedagogia (1 professora) e curso de pós-graduação/especialização (2 professoras). Em 2003, o número de professores participantes do estudo foi reduzido de 5 para 2, devido aos encaminhamentos que se fizeram necessários durante a investigação: as ações intervencionistas foram direcionadas para duas salas, uma de 1ª série e outra de 2ª série. As professoras participantes tinham idade de 33 e 52 anos, formação em pedagogia e experiência docente de 10 e 18 anos, respectivamente.

A pedagoga que participou de todo projeto tinha uma variada experiência educacional e cursava especialização em psicopedagogia na época da pesquisa. Havia atuado como diretora de escola e professora. Em parceria com a pesquisadora, contribuiu, de forma significativa, para a investigação, compartilhando responsabilidades e encaminhamentos de mudanças desejadas junto aos alunos P. A. e suas professoras. A intenção de colocar a pedagoga enquanto outra articuladora do projeto — contemplando a participação das professoras e contribuindo para a melhoria da qualidade do ensino — teve como base, inclusive, a prática docente da pesquisadora em cursos de pedagogia. Neles, as dificuldades dos alunos em compreender as relações entre os fundamentos teóricos do curso e as práticas de sala de aula ficavam claras, fazendo com que se sentissem perdidos quando entravam em contato com a nova função: coordenar o processo pedagógico. Em sua maioria, esse contato só ocorre no último ano do curso, precisamente no estágio, não obstante algumas poucas atividades de campo propostas pelos professores ou, ainda, a experiência docente de alguns alunos. A partir desses dados, após a finalização dessa investigação, a pesquisadora propôs o projeto de intervenção escolar em outras instituições, possibilitando a atuação, na escola, dos alunos do curso de pedagogia, de forma a diminuir a distância entre a universidade e a comunidade. Nas palavras de Libâneo, isso significa:

> ... ajudar no desenvolvimento profissional dos professores a partir das necessidades da prática. Isso significa ligar os conteúdos de formação com as experiências vividas na prática das escolas, da sala de aula. Os professores da faculdade, os coordenadores pedagógicos, deviam considerar os pedidos de socorro que os professores fazem. (2002, p. 40)

Essa perspectiva de atuação do pedagogo ou coordenador pedagógico parece ser mais condizente com o perfil do profissional almejado pelas escolas em geral. Uma análise do cotidiano escolar aponta que grande parte dos professores é resistente ao pedagogo, o qual desempenha funções burocráticas e pouco significativas no processo pedagógico e, ainda, está mais voltado às questões administrativas do que acadêmicas. Consequentemente, chega-se a questionar a permanência desse profissional no âmbito da instituição. Mesmo assim, a LDB (Lei de Diretrizes e Bases da Educação, 1996), em seu artigo 64, confirma a existência do pedagogo. A lei não é explícita quanto às suas funções, porém esclarece que há necessidade de educadores preparados para lidar com a diversidade de escolas e de alunos. Para tanto, prevê programas de aperfeiçoamento profissional continuado.

Isto posto, pode-se considerar que a pesquisadora, a pedagoga, as professoras alfabetizadoras e os alunos P. A. foram os participantes do projeto, porém com papéis distintos e níveis de participação variados e complementares.

Para coleta de dados junto ao aluno foi realizado o diagnóstico psicopedagógico, desenvolvido através de atividades variadas, definidas a partir de suas possibilidades de revelar os conhecimentos acerca da leitura e da escrita. Os dados foram organizados de modo a propiciar o entendimento do fenômeno investigado e respaldar o conjunto de ações desenvolvidas. Para a coleta de dados junto às professoras e à pedagoga, foram utilizados *questionários*, respondidos por escrito, sem a intervenção direta da pesquisadora. Considerou-se que essa era a opção que fornecia às professoras maior liberdade para responder ao solicitado, conforme suas disponibilidades de tempo e horário, criando, ainda, a parceria necessária ao desenvolvimento do projeto. O uso de questionário foi inicial e processual: no primeiro momento do processo de coleta de dados responderam a um questionário denominado "História da Queixa" (anexo 1), por meio do qual se tornou possível conhecer as representações das alfabetizadoras acerca dos alunos considerados como problema de aprendizagem. Em seguida, foi aplicado um outro (anexo 2), com o objetivo de conhecer as causas atribuídas aos "problemas de aprendizagem", assim como o papel da escola nesse processo. Ao final da intervenção, os referidos questionários foram novamente respondidos, acrescidos de outras questões (anexo 3). Esse instrumental subsidiou parte da análise dos resultados da intervenção.

Além dos questionários, foram realizadas *observações* em sala de aula e em outras situações do contexto escolar, buscando compreender a dinâmica do cotidiano e desvelar os "não ditos", aquilo que os participantes não revelam pelo discurso, mas por ações e atitudes. Nesse processo de situar os fatos na cotidianidade foram considerados aqueles mais relacionados às questões-problemas e aos objetivos propostos no trabalho. Aconteceram, ainda, *discussões* sobre os casos dos alunos com as professoras e a pedagoga, em situações formais (reuniões, estudos) e informais (café, recreio), pois "todos os lugares habituais de encontro são propícios à escuta interessante..." (Barbier, 2002, p. 129). Por assim ser, nenhuma oportunidade de diálogo foi dispensada, mesmo quando, à primeira vista, o tema da conversa era pouco relevante.

Os dados e informações obtidas por meio dos participantes foram registrados, constituindo uma espécie de diário. Não foi utilizada nenhuma técnica específica para o registro, ainda que nele se anotasse o observado e sentido pela pesquisadora, buscando alcançar uma visão mais ampla do modo de organização do trabalho pedagógico na instituição. Na visão de Barbier, esse conjunto de registros pode ser "...um emaranhado de referências múltiplas a acontecimentos, reflexões, comentários científicos ou filosóficos, devaneios e sonhos, desejos, poemas, leituras, palavras ouvidas, reações afetivas (cólera, ódio, amor, inveja, receio, angústia, solidão etc.)" (2002, p. 138). De fato, eles contribuíram para esclarecer os problemas levantados no estudo, oferecendo subsídios para o planejamento de ações junto aos participantes. Dado o caráter dinâmico do trabalho, a análise dos dados foi processual, tentando apreender os fatores determinantes da realidade em seu movimento.

Os dados obtidos possibilitaram discussões e estudos, levando os participantes a se envolverem com o projeto e a atuarem de modo cooperativo, buscando, junto com a pesquisadora, efetivar ações transformadoras. A problematização sistematizada anteriormente abriu caminhos para um maior engajamento das professoras mediante a análise dos dados. Esses momentos dialógicos possibilitaram tanto aproximações explicativas dos dados (à luz das experiências dos participantes), como revisão dos princípios teóricos que fundamentaram o estudo.

Inicialmente, as formas de contato e análise dos casos foram explicativas. As professoras pareciam não se sentir à vontade para assumir seu papel de produtoras de conhecimentos, numa perspectiva transformadora e emancipatória. Na tentativa de mudar essa realidade, a pesquisadora discutiu tanto as características dos níveis de conhecimento dos alunos (por meio de deliberação coletiva e submetida à análise dos participantes), como o material didático-pedagógico utilizado na intervenção. Este foi recebido, em princípio, apenas como sugestão. Mas, gradativamente, passou a ser visto como um recurso que poderia ser produzido e utilizado pelo conjunto de educadores. Com esse procedimento, pretendeu-se também reduzir a rotina do trabalho docente, o isolamento das professoras em suas salas de aulas, ampliar suas possibilidades de mediação e envolvê-las em relações de caráter coletivo.

A socialização e discussão dos dados abarcaram a produção e a circulação de informações, as tomadas de decisões e as oportunidades de aprendizagens coletivas, dadas as exigências de ações intervencionistas. Os saberes existentes foram disponibilizados, na busca de respostas às questões colocadas pelo cotidiano da escola. No entanto, se nem todas as propostas apresentadas foram imediatamente aplicáveis, elas puderam ser sempre aproveitadas como meio de sensibilização e tomada de consciência dos educadores. Esse foi considerado um fato comum, haja vista que o desenvolvimento da pesquisa-ação é um exercício dialético de (re)construção da ação, relativamente libertador de imposições e coerções, o que torna o grupo responsável por sua própria emancipação. Para tanto, como já foi salientado anteriormente, faz-se necessário que os participantes estejam envolvidos com a pesquisa, norteados por objetivos comuns e abertos ao diálogo.

A prática revela que a *pesquisa-ação* aplicada em escolas pode trazer algumas dificuldades de encaminhamento, uma vez que a instituição dispõe de uma estrutura organizacional e pedagógica cujo funcionamento nem sempre é objeto de reflexão dos participantes. Assim sendo, as possibilidades de modificação dificilmente são consideradas, mesmo que no sentido de tentar superar as atitudes incorporadas que, por vezes, são passíveis de questionamentos e críticas. Thiollent afirma, nesse sentido, que "no setor convencional da educação (1º e 2º graus), a aplicação dessas orientações é mais rara e difícil, talvez por causa de resistências institucionais e hábitos professorais" (1994, p. 74).

Esses obstáculos foram observados no decorrer do estudo e não havia uma forma predefinida de removê-los. Fez-se necessário, portanto, encontrar brechas para propor, de forma flexível, encaminhamentos que pudessem contribuir para ultrapassá-los. O processo de superação era entendido não como o descarte do que estava estabelecido na instituição, mas como um exercício de reflexão e modificação gradativa de tais hábitos, a partir dos conhecimentos de que os participantes dispunham. Acreditava-se que assim seria possível produzir informações e conhecimentos de uso mais efetivo, inclusive no pedagógico. Uma ação construtiva só seria impossível em situações de grandes antagonismos e relações de poder conservador ou repressivo. Nesses casos, os objetivos seriam limitados à compreensão da situação ou, no máximo, à denúncia, ou seja, não contemplariam intenções de transformação.

Segundo Kurt Lewin, citado por Barbier (2002), durante a *pesquisa--ação* o grupo passa por três fases: uma de descongelamento, para desbloquear os hábitos; uma fase de mudança propriamente dita e outra de reforço e estabelecimento de um novo equilíbrio. Durante esse processo, são comuns as expectativas em relação às possibilidades de transformação, mas é necessário que se tenha também consciência de que essas transformações nem sempre são radicais, programáveis ou, mesmo, que correspondem ao que era almejado. De fato, elas dependem da predisposição do contexto para rupturas ou adaptações. Nas palavras de Thiollent:

> Em todas as circunstâncias, os pesquisadores não podem aplicar uma norma de ação preestabelecida e devem ficar atentos à negociação do que é realmente transformável em função das formas de poder, do grau de

PROBLEMA DE APRENDIZAGEM NA ALFABETIZAÇÃO ...

participação dos interessados e da especificidade das formas de ação... (1994, p. 95)

Considerando a realidade da escola, um dos grandes problemas foi encontrar um espaço para reuniões com as professoras, uma vez que elas ficavam quase o tempo todo em sala de aula e não tinham disponibilidade para encontros no extraturno. Sendo assim, estas aconteciam em espaços informais (final da aula, horário do recreio), em horário de módulo[6] e, mais raramente, em dia de estudo definido no calendário. A falta de disponibilidade do professor foi considerada uma questão institucional, já que o tempo previsto em calendário para estudos, pesquisas e discussões acadêmicas era muito escasso.

Outro ponto dificultador deveu-se à concepção, culturalmente estabelecida, de que o pesquisador deveria fazer uma proposta psicopedagógica *para* os professores, e não *com* os professores. Um reflexo dessa concepção equivocada foi a falta de envolvimento de alguns docentes, quando entenderam que a pesquisadora estava propondo a construção *coletiva* de um plano de ação e que não havia, portanto, uma proposta pronta, a qual seria resultado dos estudos e elaborações do grupo. Mesmo conscientes das necessidades e da viabilidade do projeto, nem todos enveredaram por esse caminho. Consequentemente, houve a necessidade de reduzir o número de professoras participantes e desenvolver o projeto em duas salas, aquelas em que as regentes aceitaram esse desafio. Barbier considera que "os docentes, por exemplo, têm vontade de participar diretamente do conhecimento dos problemas deles mesmos, e estão cada vez mais conscientes da inutilidade das pesquisas clássicas feitas por outros sob a denominação das 'Ciências da Educação'" (2002, p. 57). A vivência no campo revelou que a vontade a qual se refere Barbier não era um atributo do grupo, mas de sujeitos isolados, não podendo, portanto, ser generalizada, mesmo porque era expressa mais pelo discurso do que pela ação.

---

6. Nos horários em que os alunos estão em aulas especializadas (educação física, educação artística), os professores estão em horário de módulo, que consiste em um tempo para reuniões específicas, atendimento individual, estudo, pesquisa etc.

O processo de rompimento dessa concepção é gradativo, porém necessário, pois não o abordar pode estabelecer um distanciamento acadêmico entre aquele que supostamente sabe (pesquisador) e aqueles que, passivamente, aguardam uma solução (participantes). Assim, a pesquisadora, juntamente com o grupo envolvido no projeto, tiveram oportunidades de socializar o trabalho com os demais professores, realizando cursos, sugerindo atividades e materiais didáticos, discutindo alguns casos de alunos. Ao mesmo tempo, eles eram convidados a emitir opiniões, apresentar sugestões e participar, mesmo que indiretamente, das situações ocorridas nas salas do projeto. Foi por meio desse trabalho persuasivo junto aos docentes que começaram a surgir demonstrações de interesse em compreender e interferir nos problemas cotidianos de forma mais ativa, talvez pela preocupação em atuar de acordo com as demandas da escola, ou ainda, por descobrirem na *pesquisa-ação* uma possibilidade de vincular o ensino à pesquisa. Até então a ideia que tinham de pesquisa era aquela de atividade de investigação,

> cujos resultados, apesar de sua aparente precisão, estão muito afastados dos problemas urgentes da situação atual da educação. Por necessárias que sejam, revelam-se insuficientes muitas das pesquisas que se limitam a uma simples descrição da situação ou a uma avaliação de rendimentos escolares. (Thiollent, 1994, p. 74)

Isto posto, a partir da realidade vivenciada buscaram-se orientações que contribuíssem para o entendimento das situações do cotidiano escolar, seguido da definição de objetivos de ações transformadoras.

2

A construção do projeto de intervenção escolar: realização do diagnóstico psicopedagógico

> Que a vontade de aprender suporte o erro. Que a tentativa de tudo permita a decepção. Que a busca da perfeição escute a crítica. Que todo esforço compreenda o desprezo. E que a alegria de estar vivo vença o medo de viver.
>
> *Autor desconhecido*

O ser humano está submetido a várias formas de intervenção em diferentes circunstâncias da vida, uma vez que, desde o início de sua existência, estabelece relações e conhece o mundo, mediado pelas situações e pessoas. O contato com os primeiros mediadores desencadeia os primeiros hábitos, valores e atitudes. As informações são filtradas e embasam a construção de uma nova personalidade. A escola é também um importante mediador entre o sujeito e o mundo social, pois favorece o acesso ao conhecimento e contribui, de forma significativa, para a inserção do sujeito na sociedade. Para cumprir o seu papel, a escola faz uma intervenção, por meio da qual objetiva possibilitar a aprendizagem e, assim, favorecer a vida futura de seus educandos. A experiência escolar deve ser um fator significativo para o desenvolvimento e sucesso do aluno. Portanto, é preciso que se reconheça o papel ativo do aprendiz na produção do conhecimento.

Um projeto de intervenção psicopedagógica tem como foco o processo de aprendizagem, considerado do ponto de vista do sujeito que aprende e da instituição que ensina. Olhar psicopedagogicamente o processo de aprendizagem significa investigar como o sujeito utiliza suas capacidades para aprender, a partir das circunstâncias do ambiente, sendo este composto de natureza, cultura, pessoas e objetos. Em outros termos, o enfoque psicopedagógico possibilita uma visão multidimensional da aprendizagem, ressaltando os aspectos orgânicos, cognitivos, afetivos, socioculturais e pedagógicos.

Considerando a complexidade da ação psicopedagógica, faz-se necessário um referencial teórico que embase a produção de conhecimentos nessa área. Não se trata de abordar a teoria como se fosse um dogma, mas sim de lhe atribuir sentido no âmbito histórico e social, respeitando sua condição de verdade aproximada e relativa, e ainda, contribuir para a revisão e a superação de sua síntese provisória.

A teoria psicogenética de Jean Piaget ofereceu subsídios à ação psicopedagógica do presente estudo, uma vez que envolve princípios pertinentes à psicologia e à pedagogia. Porém, deve ficar claro, não houve a intenção de defender ortodoxamente os pressupostos teóricos piagetianos. Ao contrário, a meta foi verificá-los e reinventá-los à luz de questões empíricas, suscitadas pela realidade de um determinado contexto educacional. As premissas epistemológicas do paradigma piagetiano foram reflexivamente retomadas a partir da realidade intelectual, afetiva e social dos sujeitos envolvidos na investigação.

Acredita-se que qualquer matriz teórica pode apresentar lacunas, pois o processo de produção do conhecimento é dinâmico e os aparatos que sustentam determinados pressupostos não são estáticos ou não devem ser vistos como tais. A riqueza de um paradigma está em sua modificabilidade, no sentido dialético do termo. As modificações e superações possíveis são derivadas de necessidades temporais e circunstanciais. Um exemplo de modificabilidade do paradigma teórico piagetiano está na tentativa de "aplicar" a teoria aos processos educativos, já que o mestre de Genebra não aprofundou suas investigações nesse campo — seu objeto de pesquisa era o sujeito epistêmico —, embora não tenha negado suas possíveis contribuições, como explicou:

> Se bem nossos trabalhos não comportem qualquer intenção pedagógica parece-nos difícil não acentuar o fato de que o conhecimento das reações de escolares descritas nesse trabalho poderia ser de alguma utilidade para os educadores... (Piaget, 1977, p. 7).

Dessa forma, buscar sustentação teórica para indagações contemporâneas exigiu atribuição de novos significados às ideias piagetianas, as quais, de acordo com Ferreiro e Teberosky (1986), não são específicas de um domínio particular, mas um marco de referência teórico que contribui para compreensão de qualquer processo de aquisição de conhecimento. Sendo assim, o fato dos aspectos sociais dos processos de construção do conhecimento não serem objetos específicos dos estudos de Piaget não inviabilizou, de modo algum, a compreensão dos problemas de aprendizagem na alfabetização a partir de seus pressupostos teóricos.

As contribuições do mestre de Genebra para a intervenção psicopedagógica constituem um campo aberto às investigações. É possível, no entanto, considerar que sua teoria liberta o aluno para a aprendizagem, no sentido de favorecer a retirada do rótulo de P. A. (problema de aprendizagem) e, ainda, oferece aos educadores elementos para identificação de possíveis causas do rendimento insatisfatório, fazendo-os refletir sobre o processo de ensino e oferecendo-lhes elementos para responder às questões que emergem de sua ação. Em outras palavras, os pressupostos piagetianos podem respaldar o processo de ensino e aprendizagem, não obstante as dificuldades de transposição de uma teoria do desenvolvimento para a prática docente, ou seja, para uma teoria do ensino.

Isto posto, a construção de um projeto de intervenção coerente com as necessidades da escola exigiu, conforme mencionado na introdução, a verificação do significado do fenômeno — "problemas de aprendizagem" — para os professores da alfabetização — 1ª e 2ª séries. Para tanto, foi solicitado ao corpo docente que respondesse a um questionário (anexo 1). Todos os docentes diretamente envolvidos no estudo acataram essa sugestão. Isso permitiu o levantamento das dificuldades mais comuns apresentadas pelos alunos: *problemas de comportamento e indisciplina*; bem como *dificuldades específicas na aprendizagem da leitura e da escrita.*

As referências em relação ao *comportamento e indisciplina dos alunos* apareceram em todos os instrumentos empregados, revelando a importância atribuída pelas professoras, no processo de aprendizagem, a esses aspectos. Por ser um fenômeno complexo, o "não aprender" é mascarado por diversos fatores, dentre eles a indisciplina. A ênfase na disciplina discente pode ser um indicador da obsessão do professor em ensinar os conteúdos curriculares no tempo considerado "adequado", para o que se faz necessário manter, a qualquer custo, a ordem para se alcançar a aprendizagem. Pode-se considerar, portanto, que existiam expectativas das docentes em relação ao comportamento propício à aprendizagem, ou que existiam representações acerca do aluno ideal, as quais não eram correspondidas.

A relação entre "os comportamentos inadequados" dos alunos e a aprendizagem pode ser analisada como causa e consequência, ou seja, o aluno disperso, agitado e desinteressado tinha dificuldade de atenção, de concentração e de interação com o objeto de conhecimento, o que interferia em sua aprendizagem. Por outro lado, o aluno podia estar manifestando essas características pelo fato de se sentir perdido em sala de aula, por não compreender o professor e não obter êxito em suas tentativas de aprender. Consequentemente, não se envolvia com as tarefas propostas e canalizava sua atenção para outras atividades, apresentando um comportamento considerado pela professora, como inadequado ao aprender. Desse modo, a professora precisava entender que outros comportamentos dos alunos diante do conhecimento nem sempre significavam indisciplina, podendo, inclusive, ser importantes à construção da autonomia moral e intelectual.

A indisciplina pode decorrer, ainda, da atitude do adulto em relação às atividades propostas. Alguns são muitos exigentes e querem que a criança assimile rapidamente todo o conteúdo trabalhado; esperam que durante as aulas ela se comporte como adulto, justificando, por vezes, essa expectativa como uma habilidade necessária à vida social. Ao contrário, outros educadores são permissivos: acreditam que a aprendizagem é algo espontâneo, independente de situações de complexidade crescente e, portanto, deixam os alunos soltos, sem referências, confundindo diretivismo ideológico com diretivismo pedagógico (seleção gradual de situações que propiciem os conflitos cognitivos necessários aos avanços conceituais). Finalmente, outros propõem atividades aquém ou além das possibilidades da criança, causando desinteresse, angústia e, consequentemente, indisciplina. Assim, é possível afirmar que a indisciplina pode ser um indicador de equívocos docentes nas propostas feitas às crianças, os quais podem estar violando sua natureza cognitiva e afetiva: "Se a atividade tem caráter lúdico e corresponde ao nível de desenvolvimento, a criança é, habitualmente, disciplinada, mesmo porque 'disciplina' é apenas empenho na realização de uma proposta" (Lima, 2000, p. 113).

As considerações em relação às dificuldades específicas para aprendizagem fizeram referência, principalmente, ao domínio específico dos conteúdos da série correspondente. Esse dado revelou que a concepção de aprendizagem estava vinculada à aquisição de conceitos e informações, referentes à leitura e à escrita: aprender a ler e escrever definia os "bons" e os "maus" alunos. Sendo assim, foi possível levantar a hipótese de que existia uma discrepância entre o nível de exigência das atividades desenvolvidas em sala de aula e o nível de desenvolvimento dos alunos. Nas palavras de Lima,

> ... é perfeitamente provável que o "fracasso da aprendizagem" decorra da inadequação entre o nível de desenvolvimento mental da criança e o nível de complexidade operacional da tarefa (lição) proposta, pois o natural do processo vital é aprender ("todo esquema tende assimilar todo objeto"). (2000, p. 121)

Algumas eram crianças muito novas (faixa etária a partir de 6 anos), imaturas, estavam adquirindo noções lógico-matemáticas, e não conseguiam ficar por muito tempo realizando uma única atividade. Segundo a pedagoga, certas professoras iniciavam uma atividade no início da aula e paravam, talvez sem a finalizar, somente antes do recreio (interstício de duas horas); esse era um procedimento comum, principalmente quando se tratava de folhas de exercícios xerocadas. A pesquisadora sugeriu que esses exercícios fossem intercalados com outras atividades, pois isso significaria alterar a situação, algo que chamaria a atenção dos alunos. Diversificar os procedimentos era fundamental para manter a atenção, pois sem atenção, a aprendizagem não pode ser alcançada. Daí a necessidade de planejar mais atividades, sem omitir a relação entre os níveis de desenvolvimento e a complexidade das tarefas propostas, pois esse ponto era importante para efetivação de uma prática pedagógica construtivista. Essas considerações eram apresentadas às professoras durante as reuniões para estudo, o que significava incluí-las na análise dos dados, pois, enquanto responsáveis pelo ensino e mediadoras da aprendizagem, a sua forma de interagir com o aluno, suas solicitações e encaminhamentos, interferiam nas possibilidades deste último aprender. Em outras palavras, as professoras deveriam repensar sua prática, identificar os erros cometidos e tentar superá-los. Portanto, elas participavam ativamente da avaliação, se auto avaliando e utilizando-se dos resultados para, além de repensar suas ações docentes, replanejarem suas atuações pedagógicas junto ao aluno. Nesse sentido, Fini afirma que:

> Um aspecto a considerar é que, por vezes, os alunos apresentam problemas causados, mesmo que inadvertidamente, pelos próprios professores. O ensino de má qualidade, o preconceito e o estigma podem contribuir para que o aluno passe a apresentar comportamentos considerados difíceis e rendimento insuficiente academicamente e acabe por ser reprovado. Determinadas situações podem mesmo contribuir para que o aluno evite a escola, chegando até a evasão definitiva. (2001, p. 73)

Geralmente, quando os procedimentos do professor são inadequados, o aluno não dispõe de elementos para saber que suas dificuldades decorrem do tipo de ensino ministrado e acaba se considerando incapaz de aprender.

Dando sequência ao processo diagnóstico, foi solicitado às professoras a resposta a outro questionário (anexo 2), cujo objetivo foi verificar quais causas eram atribuídas às dificuldades dos alunos, as possíveis interferências da escola nos casos de problemas de aprendizagem, assim como suas possibilidades de ação no sentido de sanar as dificuldades do processo de ensino e aprendizagem.

A análise das respostas do segundo questionário revelou que não havia uma abordagem multicausal dos problemas de aprendizagem, ou seja, as professoras atribuíam as causas das dificuldades dos alunos somente a fatores extraescolares. Em consonância com outras pesquisas (Miranda, 2000), mais uma vez a escola estava isenta de responsabilidades com o possível fracasso do aluno, como se a não aprendizagem fosse algo alheio a seu campo de tarefas. As causas eram atribuídas, principalmente, à família e a problemas psicológicos dos educandos. Não passaram pelas considerações docentes, questionamentos acerca do sistema educacional, da organização e funcionamento da escola, dos métodos de ensino e de avaliação, dos procedimentos didáticos, do currículo, da relação professor-aluno, dos diferentes níveis de desenvolvimento dos educandos. Ainda na concepção das professoras, as possibilidades da escola contribuir para sanar tais problemas dependiam de fatores externos, isto é, de uma assessoria ou monitoria externa, pois internamente a escola já fazia o que podia, conforme suas condições humanas e materiais. A partir dessas concepções foi possível inferir que o grupo não se percebia como produtor ou construtor de alternativas de ação. Dessa forma, aguardava uma "solução" de um sujeito que se situava fora da escola. Contrariando algumas expectativas, a pesquisadora, que mesmo tendo uma vivência na instituição não deixava de ser um sujeito externo, buscou desenvolver um trabalho coletivo que envolvesse os educadores na produção de ações intervencionistas.

O projeto de intervenção não poderia ser construído sem um diagnóstico inicial dos alunos, uma vez que o processo de aprendizagem deveria ser investigado a partir das estruturas cognitivas já construídas pelo aprendiz, verificando possíveis dificuldades de interação, seja com as condições ambientais, seja com o objeto de conhecimento. Instrumento fundamental para intervenção, o diagnóstico psicopedagógico embasado em Piaget é coerente aos procedimentos do método clínico: apresenta desafios, argumenta e solicita explicações. O avaliador, através de atividades dirigidas e espontâneas, faz uma observação sistemática da ação do aluno, de sua maneira de pensar, analisa suas respostas e erros. Por meio da utilização das provas clássicas piagetianas é possível avaliar o funcionamento cognitivo, ainda que essa avaliação não ocorra isolada de outras produções do aluno. Ou seja, é necessário analisar seu desempenho em diferentes contextos e circunstâncias, verificando como ele interage com o meio físico e social. O objetivo da avaliação não é, assim, o de rotular o aluno ou criar estigmas e nem apenas conhecer seu nível de desenvolvimento. O importante é saber como conduzi-lo para um nível mais elevado, de modo que os resultados obtidos subsidiem o planejamento das ações educativas. Em outras palavras, a perspectiva construtivista de intervenção busca potencializar as possibilidades de aprender do aluno.

Com base nesses princípios, no caso do presente estudo, para realização dessa complexa atividade não houve somente observação, mas participação ativa na situação de interação. As ações foram desenvolvidas para desafiar o aluno, questionar suas respostas e observar como eram construídos os seus argumentos diante de um conflito. Buscou-se verificar os processos psicológicos em andamento e não apenas os já elaborados, ou seja, não se focou exclusivamente nos resultados de suas tentativas. Deixava-se fluir o desempenho do aluno sem detê-lo em uma situação experimental estruturada e interferindo com questionamentos e propostas, buscava, assim, provocar suas respostas. Para tanto, foram desenvolvidas as seguintes atividades:

1. desenho livre — o aluno recebia uma folha de papel, lápis de cor, giz de cera e régua. Após explicar o objetivo da atividade, era solicitado um desenho colorido. O aluno tinha liberdade para escolher o que queria desenhar, assim como as cores para colorir. Posteriormente ele era convidado a falar sobre seu desenho (o que desenhou? Por quê?);

2. escrita e leitura do nome próprio — os alunos recebiam uma ficha em branco para escrever o nome, sem o modelo. Posteriormente solicitava-se que realizassem a leitura, marcando com o lápis embaixo do nome escrito;

3. escrita de palavras e de números — os alunos recebiam uma folha sulfite em branco e lápis de escrever (não utilizavam borracha para que fossem verificadas as tentativas). As palavras eram ditadas de forma fluente, ou seja, sem silabação. Não eram solicitadas as mesmas palavras para todos os alunos, porém todos deveriam escrever: uma palavra monossílaba; uma palavra dissílaba, repetindo a sílaba da palavra anterior (ex.: monossílaba — fé, dissílaba — café) para verificar a conservação gráfica e sonora; duas palavras trissílabas, sendo uma trabalhada pela professora e a outra com alguma semelhança gráfica e sonora com a primeira; uma ou duas palavras polissílabas, compostas de sílabas complexas. Havia dois critérios para escolha dos números: aqueles trabalhados pela professora e os não trabalhados.

4. escrita de frases: com o nome próprio, sem o nome próprio e a partir de gravuras — eram utilizados os mesmos recursos da escrita de palavras, mais gravuras sem escrita. A princípio, certificava-se de que os alunos entendiam o que era uma frase. A produção ocorria de duas formas: ditada (eram repetidas algumas palavras do ditado anterior) e inventada pelos alunos;

5. leitura de palavras e frases, com e sem imagem — os alunos recebiam fichas de leitura, algumas eram compostas de palavras seguidas ou não de imagem, outras de frases, também, com e sem imagem. Após um tempo para manusear o material, eles eram questionados em relação à escrita ("Você acha que está escrito alguma coisa?"; "Por quê?"; "O que está escrito?""Leia mostrando com o lápis.");

6. observação do material escolar — era solicitado aos alunos todo o material utilizado nas aulas para que mostrassem os trabalhos realizados, assim como falassem de suas dificuldades e dúvi-

das. Era observado como faziam seus registros, se os cadernos estavam completos, se realizavam cópia;

7. conversas informais sobre assuntos diversos, propostos pelo adulto ou pela própria criança — não havia um planejamento *a priori* para essa atividade, a qual era desenvolvida conforme os acontecimentos do cotidiano (um fato ocorrido na escola, um final de semana ou feriado, uma notícia de jornal ou televisão etc.). Ao término dos encontros, as conversas eram registradas pelo adulto;

8. observação dos alunos em situações de jogos — os jogos eram desenvolvidos antes ou após outras atividades. Por ser uma atividade que os alunos se envolviam muito, às vezes, eram utilizados nos momentos em que eles estavam muito agitados. Os jogos eram propostos tanto pelo adulto como pelos alunos. Em algumas situações, eram feitas negociações: primeiro o jogo do adulto, depois o jogo dos alunos, ou vice-versa. Os mais utilizados eram: o jogo de memória (imagem x escrita; escrita de imprensa x escrita cursiva; imagem x imagem), jogo de percurso (tabuleiro e dado); jogo da velha; jogo de equipes (ditado, adivinhação, operações matemáticas, conhecimentos gerais), jogo de varetas, dentre outros;

9. entrevista com os pais (anamnese) — não havia um instrumental específico para entrevistas com os pais, os contatos ocorreriam informalmente e eram registrados para considerações posteriores (análise do diagnóstico, reuniões com os professores).

Estas atividades não se sucediam de forma fixa e nem de modo contínuo, eram propostas, conforme os momentos mais propícios, no decorrer do processo de diagnóstico. Este, em seu primeiro momento, não permitiu conhecer os alunos em todas as suas singularidades e especificidades e nem obter todas as respostas desejadas. Como pontuado por Serrano, "... muitas vezes o fracasso de uma investigação se deve ao fato de que não se faz um bom diagnóstico da situação objeto de estudo" (apud, Moroz e Gianfaldoni, 2002, p. 58). Sendo assim, considerando a importância de um bom diagnóstico para propor uma intervenção adequada, foram necessários outros encontros para maiores informações, as quais permitiram ideias mais claras e precisas dos casos. Esses dados foram fundamentais para o (re)planejamento das ações de intervenção, conforme as demandas da realidade vivida pelo corpo discente. Essa experiência confirmou o caráter contínuo do processo de diagnóstico.

A análise do diagnóstico inicial possibilitou o agrupamento dos alunos em três níveis de conhecimento: nível I, II e III, os quais não correspondem aos níveis de evolução da língua escrita, descritos por Emília Ferreiro e Ana Teberosky (1986). Esse esclarecimento faz-se necessário pelo fato de este estudo propor uma análise dos conhecimentos dos alunos em relação à língua escrita, porém desprovida da intenção de classificá-los em conformidade com as fases pré-silábica, silábica, silábico--alfabética e alfabética. Muito embora algumas correlações possam ser encontradas entre os propósitos dos dois estudos, elas não contemplavam os interesses deste trabalho. As descobertas das referidas autoras são de suma importância para a compreensão da alfabetização com enfoque psicogenético, uma vez que favorecem o entendimento do processo de aquisição da língua escrita por uma trajetória de concepções sucessivas e construtivas. Porém, seus estudos não contemplam a intervenção e, mesmo defendendo a pertinência de uma mediação adequada, não indicam uma didática psicogenética. Pensando no objetivo dessa pesquisa, seguido da intenção de propor uma intervenção que fosse representativa das possibilidades do grupo, considerou-se que os níveis de conhecimento dos alunos participantes não deveriam corresponder a uma classificação a priori, mas, sim, aos entendimentos construídos gradativamente no grupo de professoras.

Para que a categorização das produções em níveis I, II e III fosse construída foram consideradas as competências das crianças, os conhecimentos disponíveis relacionados à aquisição da linguagem e os conceitos lógico-matemáticos já dominados. Nesse momento do trabalho, buscou-se conhecer como a criança lia e escrevia antes de estar alfabetizada, no sentido convencional do termo. Em outras palavras, tentou-se verificar quais eram as noções, representações, conceitos, operações e relações que validavam suas condições iniciais para a construção de novas concepções linguísticas. Observou-se que, dentro do mesmo grupo, existiam diferenças de habilidades e de maturidade das crianças, diferenças no desenvolvimento da linguagem, nos valores culturais e atitudes frente à língua escrita, motivações distintas, ritmos de aprendizagem diversificados. Essa diversidade dentro do grupo de alunos foi considerada um aspecto positivo, dada a possibilidade de estimular a discussão e a reflexão.

Descrição e análise das características dos níveis de conhecimento no desenvolvimento das atividades propostas

1. Desenho livre

No nível I de conhecimento, por meio do desenho livre, a criança demonstrava domínio de formas, ou seja, seu desenho contava com contornos bem definidos. Não se observava, porém, preocupação com detalhes. Os desenhos eram estereotipados, sendo muito comum a representação de uma casa, de uma árvore e do sol. Foi possível observar o gosto pelo desenho, tanto que a concentração era maior nessa atividade do que na tentativa de escrita. O motivo ou tema do desenho era livre, sem preparação prévia ou intenção *a priori*. Não obstante, notava-se ser comum a criança copiar o desenho de um colega. Para colorir, começava escolhendo as cores conforme suas preferências, para, após um tempo, desinteressar-se e passar a usar qualquer cor (podendo ser aquelas cores selecionadas por um colega) ou mesmo desistir de colorir.

No nível II de conhecimento, as formas do desenho livre eram melhor definidas do que no nível anterior, assim como o uso de detalhes. Como no nível I, nem sempre a criança terminava de colorir o desenho e, quando o fazia, podia usar as cores favoritas ou copiar as do desenho de um colega. O tempo de concentração na atividade oscilava, aparentemente, em função do interesse.

No nível III de conhecimento, o desenho livre apresentava formas definidas e uma maior riqueza de detalhes. A atividade era concluída em menos tempo e havia mais definição no traçado e no colorido.

Isto posto, pode-se afirmar que do nível I ao nível III existia um avanço no traçado do desenho, caracterizado por uma maior aproximação do objeto e, consequentemente, por uma representação que continha maiores detalhes.

Comentários sobre o desenho livre

O desenho infantil é uma atividade figurativa, produzida a partir da imagem mental. Corresponde, portanto, a uma função complexa no desenvolvimento e não simplesmente à reprodução figurativa do objeto. Sendo assim, consiste em copiar mentalmente objetos ou situações, podendo ser um indício do nível de desenvolvimento da imagem mental, a qual vai se estruturando à medida que as interações com os objetos de conhecimento adquirem maior complexidade operatória. Esse progresso gradativo da atividade figurativa, caracterizado por uma melhor captação do objeto reproduzido, pode ser observado nos desenhos livres das crianças: à medida em que avançavam nas experiências operatórias, os desenhos tornavam-se mais definidos, com traçados qualitativamente distintos dos anteriores.

2. Escrita e leitura do nome próprio

No trabalho com o nome próprio, a criança do nível I identificava o nome escrito, apresentando uma leitura global, sem estabelecer correspondência entre as partes. Foi possível observar, no entanto, em sua tentativa de escrita, memorização das letras: em alguns casos o nome era grafado corretamente, mas esse conhecimento não era usado durante as tentativas de escrever palavras gráfica e foneticamente iguais ou semelhantes ao nome próprio. Ex.: "DIOGO", para "DIOGO", e "ATU", para "DIA" (não havia conservação gráfica e sonora, mesmo porque, nesse nível, os alunos ainda faziam uma análise do todo, não atentavam para as partes que compõem o nome). Omissões de letras e/ou variação de segmentação gráfica também apareceram. Mesmo quando questionada, a criança não conseguia estabelecer uma relação gráfico-fonológica entre o seu nome e a escrita de palavras. Ex.: 1) "FILPE", para "FELIPE"; 2) "FENARDO", para "FERNANDO".

A criança do nível II lia e escrevia o prenome corretamente e fazia tentativas de escrita do nome completo, podendo, nesse caso, apresentar dificuldades de segmentação ou omissões de letras. Ex.: "JEAN CARALAS FEMDE DE FITAS", para "JEAN CARLOS FERNANDES DE FREITAS". Durante a leitura, começava a desligar-se da leitura global e a tentar uma correspondência das partes entre si. Na escrita, foi possível observar o início da relação gráfica-fonológica entre a grafia do seu nome e a de palavras, principalmente quando o mediador fazia questionamentos acerca dessa relação. Ex.: "LARISSA", para "LARISSA", e, "LAITA", para "LATINHA" (apresentou indícios de conservação gráfica e sonora).

A criança do nível III demonstrava domínio da leitura e da escrita do nome, operando de acordo com os princípios alfabéticos e, logicamente, estabelecendo relações gráfico-fonológicas de partes do nome. Os conflitos gráficos e fonológicos de sílabas complexas[1] não ocorriam para a grafia do nome próprio, ou seja, a criança lia e grafava corretamente as partes constituintes de seu nome. Ex.: "JAQUELINE RODRIGUES DOS SANTOS".

Comentários sobre a escrita e leitura do nome próprio

O nome próprio tem um significado importante no início da alfabetização: é, em geral, a primeira produção escrita que a criança quer apren-

---

1. São consideradas sílabas simples aquelas cuja estrutura é consoante e vogal (CV), ex.: BA, PE, TU. São consideradas sílabas complexas aquelas estruturadas por consoante, consoante e vogal (CCV), ex.: TRA, PLO; ou consoante, consoante, vogal, consoante (CCVC), ex.: TRAM.

der, decorrendo daí a necessidade de trabalhar o nome em diferentes circunstâncias. Para a criança, o seu nome tem um significado especial e individual, trata-se de uma relação de identidade, o que pode explicar a facilidade em memorizar a grafia, mesmo com omissões de letras e/ou variação de segmentação, e em identificar o nome escrito em diferentes contextos. Quando não há convencionalidade na escrita do aluno, cabe ao professor mediar a atividade, escrevendo o nome corretamente e solicitando o confronto da tentativa com a escrita convencional. Esse procedimento favorece a compreensão de que a escrita precisa ser interpretada para que cumpra sua finalidade, nesse caso, identificar o aluno.

No primeiro momento da aprendizagem do nome próprio, a criança não está preocupada em escrever outras palavras a partir de seu nome, como pode-se observar nas crianças do nível I. Pode ocorrer uma espécie de centração das letras do nome, ou seja, aquelas letras são as letras do seu nome e não podem ser utilizadas para outras produções escritas. Quando, via interação com diferentes portadores de texto (socialização da escrita), a criança percebe que as letras de seu nome aparecem em outros contextos, ela as passa a utilizar frequentemente em suas tentativas de escrita. Porém, esse uso é aleatório, desprovido de critérios fonográficos, isto é, a criança ainda não sabe que as letras têm valores funcionais fixados pela história, pelo processo de adaptação da língua e, principalmente, pela ortografia das palavras. Por assim ser, é possível escrever qualquer letra em qualquer posição numa palavra. Em geral, a primeira letra do nome é aprendida antes das demais, ocorrendo inclusive uma relação de identidade com a mesma. Os critérios no uso das letras começaram a surgir no nível II, quando a criança já não tinha dúvidas sobre a grafia de seu prenome. Da mesma forma, a criança do nível III também sabia escrever seu nome, às vezes completo, mesmo quando esse apresentava complexidade ortográfica. Vale ressaltar que se estas últimas eram problemáticas na escrita de palavras, elas não o eram na escrita do nome. No nível III, as crianças demonstravam melhor compreensão da relação gráfica-fonológica tanto em palavras, quanto em seu nome, dadas as informações disponíveis sobre o sistema alfabético.

O trabalho com o nome próprio é mais amplo do que saber ler e escrever o nome corretamente: pode favorecer o processo de alfabetização, uma vez que compreende diferentes propriedades do sistema de escrita.

3. Escrita de palavras e de números

Nas tentativas de escrita de palavras, a criança do nível I continuava usando as letras de forma aleatória, sem categorização gráfica, de modo que qualquer letra — maiúscula ou minúscula, cursiva ou de imprensa — servia para escrever qualquer palavra. A criança apresentava mais facilidade na letra de imprensa do que na letra cursiva e podia, ainda, usar as duas na escrita de uma só palavra. Se a consciência da relação entre os fonemas e os grafemas não foi construída, não havia, consequentemente, conservação nem gráfica, nem sonora. O conhecimento das letras do alfabeto era precário ou inexistente: a criança memorizava a sequência do nome das letras e estabelecia uma relação gráfica convencional quando as letras estavam ordenadas; porém, fora da sequência gráfica convencional, não conseguia nomear as letras corretamente. Ocorria, também, confusão entre letras e sílabas e, de forma menos intensa, confusão entre letras e números. Exemplos de produções do nível I: 1) "AiBAO", para "GATO"; 2) "BNUISE", para "CASA"; 3) "ATEIM" para "PATO"; 4) "taineaAl", para "ESCOLA".

Para as crianças do nível II, nas tentativas de escrita de palavras, o uso de letras oscilava da forma aleatória ao uso de algum critério, referenciado no conhecimento gráfico e fonológico que dispunham. Esse conhecimento representava, principalmente, o trabalho realizado pela professora em sala de aula, tanto que era comum a utilização das letras e sílabas já abordadas, havendo até recusas em escrever palavras cujas letras e/ou sílabas não tivessem sido trabalhadas durante as aulas. Essa realidade dificultou a verificação da hipótese da criança em relação à escrita, mas, por outro lado, pode ser considerada como um indício da consciência de que, no ato de escrever, não era possível usar qualquer letra. Nesse nível de conhecimento, a criança apresentava melhor domínio da escrita cursiva e raramente utilizava os dois tipos de letra (cursiva e imprensa) ao mesmo tempo, ou seja, era possível observar o uso de categorização gráfica, com grafismos mais bem definidos.

Nesse nível, a criança discriminava letras e números, mas ainda podia confundir letras e sílabas. Era possível a utilização de uma letra para representar uma sílaba da palavra, usando como critério a emissão sonora. A convencionalidade sonora da letra dependia da consciência fonológica, sendo usadas letras com ou sem valor sonoro convencional. Quando questionada em relação à sonoridade, observava-se uma tendência a falar a palavra, prestando atenção ao som correspondente. Em relação à quantidade de letras para escrever, geralmente não sabia responder: entrava em conflito, pois reconhecia que uma única letra nem sempre podia representar uma sílaba, desconhecendo, no entanto, a outra letra que a compunha. A convenção sonora era mais comum nas vogais, isto é, existia mais facilidade em discriminar (e usar) o som das vogais nas palavras. Exemplos de produções do nível II: 1) "ELOCA", para "ESCOVA"; 2) "SIANSA", para "CRIANÇA"; 3) "gta", para "GATO"; 4) "PATE", para "PATO".

A criança do nível III, nas tentativas de escrita de palavras, não tinha dúvidas em grafar palavras compostas de sílabas simples, não confundia letras e sílabas e nem letras e números. Fazia uso de categorização gráfica: distinguia bem as letras de imprensa e cursiva. Na escrita de palavras com sílabas complexas, revelava conflitos na compreensão gráfica e sonora, confundindo sílabas gráfica e foneticamente semelhantes. As variações ortográficas eram bastante comuns, se forem consideradas as complexidades e irregularidades da língua escrita. Elas ocorreriam, também, quando a criança compreendia que uma palavra podia ser escrita com uma letra ou com outra, independente da pronúncia: girafa, jiló, exceção, extensão. Exemplos de produções do nível III: 1) "GATO", para "GATO"; 2) "PATO", para "PATO"; 3) "ESPERASA", para "ESPERANÇA"; 4) "PALIASO", para "PALHAÇO".

Pode-se afirmar que, nesse nível de conhecimento, a criança já havia se apropriado do sistema alfabético de representação da língua escrita, porém estava em fase de construção das regras ortográficas e das habilidades textuais. Sendo assim, o ensino embasado em regras era pouco eficiente, pois a criança aprendia a escrever analisando a palavra como um todo e não suas relações com a estrutura do sistema ortográfico.

Comentários sobre a escrita de palavras e números

A criança aprende a ler e escrever analisando os dados que lhe chegam sobre esses conteúdos. A princípio, essa análise é caracterizada por uma "leitura" das formas gráficas, as quais ela sabe que significam alguma coisa, porém ainda não compreende seus aspectos convencionais. Somente as práticas sociais de interpretação possibilitam identificar essas formas como objetos simbólicos, carregados de determinados significados. Nesse sentido, é importante esclarecer que, ao transpor a teoria piagetiana para a prática pedagógica, é necessário considerar que a presença do objeto de conhecimento *per se* não garante a assimilação, uma vez que são as situações sociais que colocam as significações. Sobre essa questão, Piaget e Garcia explicam:

> Na experiência da criança, as situações com as quais se depara são prontamente criadas por seu ambiente social, e as coisas aparecem em contextos que lhes dão significações especiais. Não se assimilam objetos "puros". Assimilam-se situações nas quais os objetos desempenham certos papéis e não outros. (1982, p. 228)

Se para assimilar é necessário decifrar o objeto, a atividade de assimilação da palavra envolve a compreensão analítica das formas gráficas e do mecanismo de codificação, não ocorrendo respaldada somente no discurso pedagógico do professor, embasado em premissas de um adulto alfabetizado. Para alcançar essa compreensão analítica faz-se necessária uma atividade estruturante da criança, referenciada na interação com o objeto de conhecimento. Em outros termos, se aprender é construir estruturas de assimilação, é preciso que haja uma ação do sujeito sobre o objeto. Assim sendo, a aprendizagem deve ser organizada na direção de estruturas possíveis no momento. Daí a importância de acesso a diferentes portadores de escrita, os quais favorecem os esforços de compreensão através de comparação, ordenação e reprodução das marcas que compõem o sistema de escrita. Dito de outra forma, a criança atribuirá significado ao mundo da escrita mediante suas tentativas de assimilá-lo, e é somente em função dessa interpretação que sua conduta deve ser compreendida. A competência da assimilação só é atingida pela acomodação, a qual, por sua vez, potencializa a assimilação, transformando-a qualitativamente.

Todas as crianças do estudo já haviam tido acesso ao alfabeto, em letra de imprensa e cursiva, por meio de atividades diversificadas. Porém, cada uma delas tinha certezas e dúvidas diferentes, conforme o momento de sua evolução. As crianças do nível I ainda não identificavam todos os elementos que constituem o sistema alfabético. Nesse nível, o conhecimento disponível sobre os aspectos gráficos não garantia a compreensão da escrita enquanto sistema de representação. Isso foi observado nas várias produções, permitindo apreender indícios de seus pressupostos acerca do funcionamento da escrita. Suas tentativas indicaram, também, características formais de escrita: não mais utilizavam garatujas, as grafias eram ordenadas linearmente (colocadas em uma sequência no plano horizontal) e orientavam-se de forma correta (da esquerda para a direita). As crianças de todos os níveis já reconheciam esta orientação convencional.

As crianças do nível I de conhecimento estavam construindo seus esquemas de assimilação figurativa da linguagem e não compreendiam os mecanismos de codificação alfabética (palavras). Tanto isso era verdade que o uso de letras na escrita era aleatório, assim como o significado atribuído às palavras, durante as tentativas de leitura.

O uso de letras de forma não aleatória ocorre por processo complexo de assimilação e acomodação dos aspectos gráfico, sonoro e funcional, estabelecidos no sistema da língua escrita. Sendo assim, a criança precisa interagir com esses aspectos da cultura, cabendo, nesse sentido, abordá-los na escola, lugar socialmente organizado para viver a experiência, a necessidade e a importância da leitura e da escrita.

O trabalho pedagógico de categorização e relação gráfica e funcional das letras deve acontecer de forma contextualizada, isto é, partir de um todo significativo. Esse procedimento favorece análises linguísticas a partir da exploração ativa e de reflexões acerca do funcionamento da linguagem. Segundo Cagliari:

> ... se o aluno não percorrer, de algum modo, o caminho da decifração da escrita, ele não se alfabetizará. É por esta razão que temos encontrado, tradicionalmente, todos os anos, nas salas de alfabetização, alunos que não aprendem a ler, apesar de toda a prática pedagógica baseada quer nas antigas, quer nas mais modernas teorias sobre letramento, porque todas elas acreditam que é escrevendo que se aprende a ler. O problema dessas abordagens é justamente, desconsiderar completamente a decifração da escrita. (Cagliari e Cagliari, 1999, p. 119)

O processo de alfabetização, na perspectiva psicogenética, parte da utilização de significantes (índices, sinais, símbolos), seguida da apresentação de palavras, colocadas em um determinado contexto que amplia o seu significado. As palavras são retiradas do mundo real da criança. A atividade de leitura tem início com o processo operacional de análise/ síntese, quando a criança "monta e desmonta" a palavra escrita. Sendo assim, o ponto de partida para a alfabetização não são as letras e sílabas.

Uma proposta metodológica que enfatiza somente o aspecto figurativo encontra respaldo apenas na memorização mecânica de letras, sons e sílabas, seus resultados são superficiais, uma vez que não criam uma situação favorável à compreensão do processo de codificação. O alfabetizando pode obter êxito em repetir os códigos linguísticos, porém enfrentará dificuldades em suas tentativas de leitura e escrita, visto não compreender o sistema de funcionamento do código alfabético: será um mero reprodutor de signos aleatórios. Em decorrência, é possível observar um equívoco teórico vinculado à alfabetização: considerar que a aquisição da língua escrita em toda sua complexidade consiste em uma técnica de codificação e decodificação.

Antecedendo as palavras, a criança precisa ter oportunidades de utilizar diferentes significantes (índices, sinais, símbolos) para, poste-

PROBLEMA DE APRENDIZAGEM NA ALFABETIZAÇÃO ...

riormente, compreender a complexidade combinatória do código alfabético. O alfabetizador pode recorrer à história da escrita, enfatizando sua origem e função social. Pode, ainda, explorar a escrita ideográfica, feita com pictograma ou com caracteres convencionais e mostrar as diferentes formas de escrita até chegar à que se utiliza das letras do alfabeto e suas especificidades, assim estará favorecendo a compreensão da relação entre significante e significado. Infelizmente, muitos alfabetizadores não exploram atividades com outros significantes que não sejam a escrita convencional. Para alguns, trabalhar com índices, sinais e símbolos é perder tempo, principalmente com alunos da 1ª e 2ª séries. Comumente, tais conteúdos são mais aceitáveis na educação infantil, que possui características que a distingue do ensino fundamental: o brinquedo, as atividades lúdicas, a fantasia, a arte, a comunicação oral, a educação corporal, a relação afetiva etc.

Na ânsia de alfabetizar, o professor esquece que essa atividade é precedida de conceitos que favorecem a compreensão dos índices, sinais e símbolos, os quais são assimiláveis de acordo com o nível de desenvolvimento da função semiótica. Essa, por sua vez, é beneficiada por experiências físicas (manipulação de objetos) e lógico-matemática (estratégias de manipulação do objeto). Portanto, ao contrário de exercícios de cartilhas, os alunos necessitam de atividades que levem à construção de estruturas de classificação, seriação, partição, correspondência, grupos etc, já que os mecanismos de codificação e decodificação ocorrem numa operação lógico-matemática.

No nível I de conhecimento, o pensamento era do tipo sincrético, o que justificava as generalizações antecipadas que não consideravam os elementos da língua em sua totalidade e reais dimensões. Para progredir, fazia-se necessário um processo assimilativo, confrontando os elementos linguísticos com os esquemas disponíveis, buscando a modificação destes a ponto de tornar possível a incorporação de novos conceitos. Essa incorporação produz novas sínteses mentais, indica novos procedimentos cognitivos, modificando o agir e o pensar da criança diante do mundo das letras. Reafirmando, um esquema consiste em tudo que é generalizável em uma determinada ação, sintetizando, portanto, as ações praticadas, não no sentido de somar ou ajuntar essas ações, mas, sim, de organizá-las, fazendo com que surja algo novo. Isso significa que um esquema é uma síntese no sentido dialético do termo.

Isto posto, pode-se afirmar que o conhecimento linguístico compreende o processo de síncrese (primeiras hipóteses acerca do funcionamento da linguagem), de análise (confronto entre os elementos do sistema linguístico e os esquemas mentais disponíveis) e de síntese (modificação dos esquemas existentes para incorporação da nova informação). No entanto, as escolas tendem a inverter esse processo, partindo da síntese, quando é explicado o funcionamento da língua por meio de conceitos predefinidos, passando pela análise, quando os exercícios estruturais são enfatizados e, finalmente, produzindo uma aprendizagem sincrética, caracterizada por conhecimentos fragmentados sobre o sistema linguístico.

Outro equívoco da escola é desconsiderar que o processo de identificação e compreensão das letras do alfabeto pode ser prejudicado pela apresentação simultânea de mais de um tipo de letra, o que pode levar a confusões gráficas, sonoras e funcionais, conforme foi constatado nas tentativas de produção escrita dos alunos. Vários estudiosos da alfabetização (Ferreiro e Teberosky, 1986; Lemle, 1995; Cagliari e Cagliari, 1999) defendem o acesso à escrita por meio de um tipo de letra, sugerindo que as letras de imprensa maiúsculas são as mais indicadas para o início da alfabetização, por serem graficamente mais claras, algo que facilita sua identificação e grafia. Em contrapartida, a letra cursiva deforma certas letras quando agrupadas, dificultando a identificação dos elementos gráficos que constituem as palavras. Dessa forma, exige uma ação mais complexa do aluno. De acordo com Cagliari:

> Ensinar a ler usando letras cursivas é uma maldade muito grande para com as crianças. Na escrita cursiva é mais difícil saber onde começam e acabam os traçados das letras. As letras cursivas foram inventadas para uso de quem já sabe ler e escrever e precisa escrever muito e rapidamente. Letra cursiva é ponto de chegada, não ponto de partida. (1999, p. 141)

Alguns alfabetizadores, equivocadamente, pensam que se os alunos aprenderem a ler e a escrever usando as letras de imprensa maiúscula, posteriormente apresentarão dificuldades na letra cursiva. Na verdade, com base na experiência docente e na literatura, a transposição para letra cursiva é facilitada quando existe o domínio da letra de imprensa. Por outro lado, compreender os diferentes tipos de letra implica o enfrentamento de problemas de classificação e ordenação. Tomar consciência de que duas disposições gráficas distintas podem ter o mesmo significado é uma tarefa complexa, cuja descoberta pode ter importantes repercussões para o desenvolvimento cognitivo e para aprendizagem de uma forma geral.

As crianças do nível II e III já diferenciavam um tipo de letra do outro, assim como as letras dos números. Essa constatação empírica confirmou o pressuposto de que o professor precisa perceber a sala de aula como um espaço de convivência de diversidades de comportamento, opiniões e compreensões. Mesmo inseridos na mesma sala e interagindo com a mesma alfabetizadora, os alunos eram sujeitos singulares. Na linguagem poética de Cecília Meireles: "O vento é o mesmo/mas sua resposta é diferente em cada folha".

No nível II de conhecimento, dadas as características conceituais, os conflitos cognitivos eram distintos do nível I. Portanto, para que ocorressem avanços, as necessidades de mediação também o eram. Como já foi dito anteriormente, na perspectiva piagetiana, os conflitos cognitivos são fontes de avanços conceituais, de reorganizações internas, sendo necessário modificar os esquemas mentais (acomodação), (re)combinando-os em novos esquemas mais complexos. O papel do mediador nesse processo é criar situações que favoreçam a resolução do conflito. Sendo assim, no nível II de conhecimento, quando já existia uma certa consciência grafo-fonológica (compreensão relativa), o professor deveria levar o aluno a compreender que uma letra pode ter diferentes sons, conforme sua posição na palavra (por exemplo, o S no início de palavra, como em "sala" e o S intervocálico, como em "casa"). Da mesma forma, um som pode ser representado por diferentes letras (por exemplo, o som de K diante de a, o, u, como em "casa" e "comida"; e diante de e, i, como em "pequena" e "esquina"). Para complicar ainda mais, é possível duas letras representarem o mesmo som na mesma posição (por exemplo, o som de Z intervocálico, que pode ser representado por S, Z, X, tal como em "mesa", "certeza", "exemplo"). Não se tratava, pois, de informar o aluno, mas de propor atividades por meio das quais, por um processo de análise e sistematização, ele pudesse se adaptar às irregularidades que caracterizam as relações entre sons e letras.

Na tentativa de solução desses conflitos (processo de equilibração majorante), o aluno pode apresentar comportamentos diversos. É possível que ele permaneça com a hipótese biunívoca, a qual pode lhe parecer mais lógica e segura, inclusive sendo confirmada em algumas situações (por exemplo, no uso do P, B, T, D V, A, letras que apresentam uma única correspondência fonética). Nesses casos, é comum o aluno recusar-se a escrever palavras que não correspondam à sua hipótese, como forma de se proteger do desafio de recombinação dos esquemas estruturados. Essa, nem sempre, significa uma experiência tranquila, uma vez que implica sair de um estado de equilíbrio para outro de desequilíbrio, cujo resultado é, a princípio, uma incógnita. Uma outra forma de "fugir" do desafio da recombinação de esquemas é se negando a escrever algo diferente daquilo que a professora ensinou: copiar o que é trabalhado em aula é quase sempre uma garantia de que não haverá erro, não obstante os prejuízos que esse procedimento possa ter do ponto de vista da psicogênese. Ferreiro e Teberosky também encontraram esse tipo de conduta em seus experimentos, ao qual denominaram de bloqueio. Segundo as autoras, "o bloqueio parece responder ao seguinte raciocínio: se aprende a escrever copiando a escrita de outros; na ausência do modelo não há possibilidade de escrita" (1986, p. 190). O professor pode reforçar essa conduta do aluno quando dispõe de uma metodologia que, baseada em modelos, parte das relações biunívocas e, somente mais tarde (talvez tarde demais), trabalha as irregularidades e complicações possíveis da relação grafema-fonema.

As perturbações dos processos de assimilação-acomodação podem resultar em problemas na aprendizagem, pois o aprender é resultado da integração desses processos. Sendo assim, para o desenvolvimento e a aprendizagem, faz-se necessário reagir às perturbações. Essa reação é caracterizada pela (re)coordenação dos esquemas assimiladores. É via coordenação contínua e adequada dos esquemas que ocorre a tomada de consciência, por exemplo, de que a escrita não é uma mera transcrição do oral, de modo que o hábito de recorrer à fala para verificar o som correspondente da letra não é suficiente. Existem regras para os valores fonéticos das letras e conhecer essas relações é indispensável à aprendizagem da leitura e da escrita. Desse modo, elas precisam ser trabalhadas em sala de aula e apresentadas em diferentes situações, inclusive lúdicas, para que, por meio de análise, os alunos descubram as regras de funcionamento do sistema de escrita. Em termos piagetianos, o aluno precisa "tomar consciência" do princípio acrofônico que regula o sistema alfabético. Quando o professor cria situações para que o aluno analise os fatos, reflita e tire conclusões, não está apenas trabalhando o conteúdo. Mais do que isso, e principalmente, está favorecendo o desenvolvimento de bons hábitos de estudo e de investigação. A atitude investigativa é imprescindível, pois contribui para situar o objeto de conhecimento em contextos mais amplos, constituídos de novos possíveis, no sentido piagetiano do termo.[2] O professor não pode esquecer que o sujeito interpreta o objeto de conhecimento e atribui sentido ao mundo, segundo seus possíveis.

Contrariar a natureza epistemológica do aprendiz pode levá-lo ao recalcamento[3] que, na perspectiva de Piaget, significa a criança "esquecer" algo sobre o objeto de conhecimento que poderia desencadear um conflito cognitivo para o qual não dispõe de estruturas para solucionar. Isto causa sérios transtornos à sua aprendizagem. As queixas dos professores revelam que esse comportamento é muito comum na sala de aula ("o que eu trabalho hoje, no outro dia parece que nunca foi trabalhado"). Esse recalcamento desaparece quando a criança passa a contar

---

2. "Possível", no referencial piagetiano, refere-se às possibilidades operatórias do sujeito, definidas a partir das estruturas cognitivas disponíveis. A abertura de novos possíveis ocorre mediante a tentativa de solucionar conflitos, cujo processo desencadeia a reestruturação dos esquemas disponíveis. Nesse sentido, o possível cognitivo significa construção, invenção e criação, definindo, ainda, a maneira do sujeito considerar a realidade e interagir no mundo.

3. O termo recalcamento aparece também na teoria psicanalítica para explicar uma cisão entre uma atividade mental consciente e, outra, inconsciente: o sujeito afasta para o inconsciente algo com o qual não pode lidar.

com as estruturas cognitivas capazes de lidar com o conflito, o que favorece o seu entendimento de mundo. Dessa forma, o aluno precisa ser encorajado a estar em permanente (re)adaptação, aberto a mudanças e a novas possibilidades. O professor, por sua vez, não deve se preocupar com o esquecimento, mas, sim, com a capacidade do aluno reconstituir o conteúdo esquecido, pois somente poderá reconstituir o conteúdo aquele que compreendeu o mecanismo de produção do conhecimento. Essas considerações são pertinentes para qualquer nível de conhecimento: a especificidade está no tipo de conflito, desencadeado a partir da necessidade de estruturação dos esquemas mentais disponíveis, os quais são distintos conforme o nível em que o sujeito se encontre.

A criança no nível III de conhecimento já possuía importantes informações sobre o funcionamento do sistema linguístico. Ela já havia descoberto as regras de combinação e algumas singularizações dos elementos simbólicos da língua. Seus maiores conflitos eram, principalmente, de natureza ortográfica. Essa constatação é coerente com a evolução da aprendizagem: primeiro aprendem-se as regras do sistema e, posteriormente, as normas ortográficas.

As variações ortográficas revelavam organização lógica e esforço de compreensão, o que raramente era observado pela escola que, numa concepção técnica de escrita, considerava correta a palavra grafada com a ortografia convencional, esquecendo que ninguém aprende a escrever sem ter "erros" de ortografia e que para escrever alfabeticamente as crianças cometem faltas ortográficas. Melhor seria considerar faltas e não erros, pois o que as crianças do nível III demonstravam era uma falta de conhecimento da norma, em especial porque "como a norma é única, o uso envolve o seu conhecimento" (Morais, 2002, p. 64).

O termo variação ortográfica foi apresentado por Alvarenga (1995) para substituir o erro ortográfico. Segundo o autor, essa terminologia define um quadro teórico respaldado em um único referencial e tudo que é diferente é considerado incorreto. Ao contrário, na perspectiva da variação, a língua é um objeto de conhecimento em permanente construção, de modo que as regras e as normas sintetizam uma elaboração intensa, resultante da aplicação de hipóteses. Logo, não se trata de algo aleatório ou sem lógica, mesmo porque as variações são produzidas na tentativa de regularizar a escrita das palavras.

A ênfase na escrita ortográfica desconsidera o ponto de vista da criança, interferindo negativamente em suas relações futuras com a escrita. Para Cagliari:

> ...é muito melhor ensinar as crianças a escrever primeiro e, depois, a escrever ortograficamente deixá-las escrever o mais livremente possível, como ponto de partida e, depois, fazê-las passar para outra grafia (a ortográfica), procurando verificar se o que escreveram num primeiro momento corresponde à maneira como se deve escrever, seguindo o estabelecido pela ortografia vigente. (Cagliari e Cagliari, 1999, p. 73)

A ortografia, enquanto estruturadora do sistema de escrita, é um regulador arbitrário da relação existente entre letras e sons e, também, uma tentativa de "neutralizar" a variação da língua oral. Esse caráter normativo resulta de fatores sociais, tais como a escolarização universal, os meios de comunicação de massa e a divulgação da imprensa. Como tal, na perspectiva piagetiana, trata-se de um conhecimento social, a ser transmitido nas interações do sujeito aprendente com seu professor ou colegas mais experientes. Mas a transmissão não é passiva e linear, pois ao tentar grafar corretamente uma palavra, o aluno coloca em jogo suas hipóteses sobre o funcionamento da língua. Em face à dúvida a respeito de como se escreve — se "xícara" ou "chícara" — a solução é recorrer ao dicionário ou a alguém que tenha a informação, uma vez que mesmo modificando as estruturas disponíveis, a criança corre o risco de não solucionar esse problema. "Quando a norma escrita está estabelecida, a única possibilidade para os usuários é aprender a reproduzi-la" (Morais, 2002, p. 67). Em consonância com o mesmo autor,

> afirmar o caráter reprodutivo da ortografia não pode nos fazer pensar que seu processo de aprendizagem seja passivo. Pelo contrário, provavelmente os sujeitos aprendem a norma ortográfica de forma ativa e construtiva. Seja quando existem regras que permitem gerar com segurança a notação de determinadas palavras, seja quando a norma impõe restrições

não fundamentadas em regras, entendemos que a notação adotada será sempre uma construção individual (ibidem, p. 69).

A compreensão dos aspectos ortográficos segue uma evolução psicogenética, o que modifica a concepção das chamadas "dificuldades ortográficas". Em suas tentativas de compreensão, a criança tende a fazer uma regularização ortográfica, ou seja, diferenças sonoras significam diferenças gráficas, semelhanças sonoras implicam semelhanças gráficas. Essas formas de representações ortográficas permanecem até que ocorra a aquisição dos conhecimentos referentes às restrições das normas de ortografia.

Diante das particularidades da língua, o professor — enquanto mediador do conhecimento — deve criar situações que explorem as regras ortográficas de forma significativa: promovendo a interação com o objeto de conhecimento de modo que o aluno possa detectar suas regularidades e contradições. A experiência indica que a aquisição das convenções ortográficas é beneficiada pelos efeitos da escolarização. Nessa sistemática, não é necessário e nem producente que o professor trabalhe todas as regras ortográficas do sistema de escrita, mesmo porque, pela observação e uso, o aluno será capaz de generalizar e de particularizar, apropriando-se ativamente dos conhecimentos linguísticos. Esse processo envolve uma compreensão analítica, fundamentada no desenvolvimento de esquemas conceituais. Os procedimentos didáticos devem, portanto, oferecer material para análise, em oposição a qualquer tentativa de levar o aluno a um registro passivo de informações. Isso significa progredir na elaboração e emprego de processos pedagógicos ativos, que favoreçam a atividade mental e se oponham à passividade reinante dos procedimentos tradicionais, que desconsideram a natureza reflexiva do pensamento.

De acordo com Ferreiro e Teberosky (1986), um sujeito intelectualmente ativo formula hipóteses, compara, ordena, categoriza, conforme seu nível de desenvolvimento. Nesse sentido, qualquer mediação contrária a essa realidade e respaldada em modelo para ser copiado, tende a não formar um sujeito intelectualmente ativo.

As experiências cotidianas possibilitam à criança explorar algumas propriedades da língua e formular hipóteses sobre o seu funcionamento. Contudo, para compreensão das reais propriedades que definem esse objeto simbólico e lhe proporcionam valor social, faz-se necessário a mediação de um parceiro alfabetizado, o qual se utiliza da escrita como significante em seu sentido pleno, ou seja, domina a escrita para resolver questões práticas, ter acesso à informação, interagir com o mundo utilizando formas superiores de pensamento.

A língua é um objeto conceitual. A criança só adquire conceitos se os tiver anteriormente construído. Apropriação de conhecimento significa um processo ativo de reconstrução, uma compreensão do modo de produção. Assim, a natureza do conhecimento é assimiladora e não registradora (acúmulo de informações). Dessa forma, para conhecer faz-se necessário processar, operar com a informação. Se a compreensão carece de esquemas de assimilação originados na ação sobre o objeto de conhecimento, o mediador precisa planejar adequadamente as situações, entendendo que propor condições de aquisição não corresponde a ensinar formalmente, mesmo porque, do ponto de vista da psicogênese, as aquisições se realizam por caminhos que não são determinados pela escola. As pesquisas de Ferreiro e Teberosky (1986) evidenciam que, independentemente da metodologia de trabalho do alfabetizador, as crianças não avançam no mesmo ritmo: sempre há níveis distintos de conceitualização. Isso ocorre porque o método não cria aprendizagens, o conhecimento é resultado da própria atividade do sujeito; é a ação que desencadeia o conhecer.

No decorrer do processo de alfabetização, a intervenção do mediador deve ocorrer no sentido de favorecer a compreensão dos modos de representação da linguagem, uma vez que para se ingressar no mundo letrado a criança precisa resolver os problemas conceituais vinculados à compreensão do sistema alfabético de escrita. Ela não se alfabetiza com base apenas em suas hipóteses sobre o processo de leitura e escrita, de modo que é fundamental a transmissão de conhecimentos. Isso significa que negar a mediação do professor no processo de ensino é um grande equívoco educacional.

Faz-se necessário, também, trabalhar a função social da escrita, cuja importância extrapola os limites da escola; a leitura compreensiva de diferentes registros e materiais portadores de escrita (jornais, livros, revistas, cartas, bilhetes, receitas, outros). E, a produção de textos coerentes e coesos, com diferentes propósitos. Essa trajetória é marcada por organizações, desestruturações e reestruturações constantes, haja vista que a criança sistematiza e põe à prova a organização obtida durante suas tentativas de compreensão do objeto.

As tentativas de compreensão da linguagem ficam prejudicadas mediante o uso de materiais de alfabetização definidos *a priori*. Esses recursos são frequentemente contraproducentes, pois desconsideram uma capacidade vital da criança: a capacidade de pensar. E por que pensar é importante? Porque pensar significa criar, construir e reconstruir, problematizar incessantemente, buscar sem parar. Essas características são fundamentais para efetivação de uma aprendizagem significativa, contrária à conotação empirista que este termo pode adquirir.

Por outro lado, o uso de materiais padronizados pode retirar a oportunidade de situações mais interessantes, como por exemplo: vivenciar atos de leitura e de escrita, explorar semelhanças e diferenças entre textos escritos, emitir opiniões sobre textos, fazer perguntas e oferecer respostas conforme as hipóteses disponíveis, tentar produzir um texto, explorar os diferentes portadores de texto existentes no ambiente. Em suma, a escrita como objeto de conhecimento deve estar presente de forma plena e não ser dosada através de propostas metodológicas fixas e/ou padronizadas. Quando se adota esse procedimento de trabalho, incorre-se no equívoco de deixar o material conduzir o ensino e a aprendizagem em prejuízo da interação do aluno e do professor. Os alfabetizadores não podem delegar a responsabilidade da mediação na aprendizagem, o que implica revisar algumas ideias subjacentes à tarefa de ensinar. Segundo Curto:

> Ensinar não é apenas transmitir informações a um ouvinte. É ajudá-lo a transformar suas ideias. Para isso, é preciso conhecê-lo, escutá-lo atentamente, compreender seu ponto de vista e escolher a ajuda certa de que necessita para avançar: nem mais nem menos. (Curto, 2000, p. 68)

PROBLEMA DE APRENDIZAGEM NA ALFABETIZAÇÃO ...

Para alfabetizar com base nos pressupostos piagetianos, o professor precisa dispor-se a entender o pensamento infantil sobre a linguagem escrita, analisar as produções como passos construtivos de um processo e não como resultado definitivo, precisa aceitar que as crianças têm hipóteses complexas e compreensivas sobre o sistema alfabético de representação, construídas em suas tentativas de compreensão da natureza da linguagem. Para tanto, deve oferecer oportunidades para que a criança pense, exponha sua lógica, revele suas dúvidas, faça seus questionamentos.

Por fim, trata-se de considerar a alfabetização não apenas como aquisição de um código linguístico, mas como uma estrutura sobre a qual outros conhecimentos serão construídos. Assim, torna-se possível alcançar o objetivo principal da educação na perspectiva de Piaget: desenvolver a capacidade humana de criar e não simplesmente repetir o que a humanidade já sabe.

4. Escrita de frases: com o nome próprio, sem o nome próprio, a partir de gravuras

Na escrita de frase com o nome próprio, a criança do nível I atribuía a seu nome, ou parte dele, outras palavras da frase, confirmando, assim, pouca compreensão das letras e de como utilizá-las, ou seja, conhecimento precário acerca do modo de funcionamento da representação alfabética. Eram comuns as fusões em suas variações: a criança não segmentava as palavras na frase, pois ainda não compreendia que a separação de palavras é uma característica do sistema de escrita. Na leitura da frase produzida, estabelecia uma correspondência entre emissão sonora e o segmento gráfico. Ex.: 1) "VITORVA", para "Victor gosta da escola"; 2) "MaRlIailziNatiuitidiatiuninui", para "Marcelo gosta da escola".

A criança do nível II escrevia e identificava seu nome corretamente, não lhe atribuindo outros significados na frase. No que refere às outras palavras da frase, podia continuar usando as letras de forma aleatória, não obstante o início de critérios grafo-fonológicos. Ainda era possível observar as variações de fusão, mas com algumas tentativas de segmentação entre as palavras da frase. Ex.: 1) "JEFTE eotaiu", para "Jefte gosta da escola"; 2) "Brener o merloa", para "Brener gosta da escola"; 3) "Lucinede cobade Escola", para "Lucineide gosta da escola". Vale notar que escola era uma palavra trabalhada pela professora.

A criança do nível III escrevia e identificava seu nome corretamente, não lhe atribuindo outros significados. Nas outras palavras da frase, não usava as letras de forma aleatória: sua produção tinha critério fonológico, semântico e sintático. Em alguns casos, ocorriam fusões ou cisões. Exemplos: 1) "Jaqueline cota da Escola", para "Jaqueline gosta da escola"; 2) "Dalton go ta da encola", para "Dalton gosta da escola"; 3) "Maxuel toma refregerate", para "Maxuel toma refrigerante". As mesmas características foram observadas na produção de frases sem o nome próprio. Assim, apareceram: 1) "A juva qualiu", para "A chuva caiu"; 2) "O cachoro quo relu a trasi da menina", para "O cachorro correu atrás da menina"; 3) "A lequia to panhoso", para "A alegria do palhaço".

As características próprias de cada nível foram observadas também durante as produções de frases sem o nome próprio e a partir de gravuras, porém com uma peculiaridade: predominância do caráter descritivo da imagem, frases curtas e simples, menos elaboradas, com menos conexões e recursos expressivos e, nos níveis II e III, compostas de palavras já dominadas. É preciso atentar para o fato de que quando um aluno pensa que fazer uma frase é simplesmente utilizar as palavras que sabe escrever, significa que ainda não compreendeu o real significado da linguagem.

Comentários sobre a escrita de frases

Produzir frases é uma atividade mais complexa do que a escrita de palavras, uma vez que exige organização dos elementos da língua a partir de uma certa estrutura textual. Por intermédio das tentativas de produção de frases, foi possível confirmar algumas características verificadas em outras atividades. Foi o caso das crianças do nível I, que usavam as letras de forma aleatória: mesmo identificando o nome próprio em diferentes contextos e tendo memorizado sua grafia, ainda podiam atribuir-lhe outros significados na frase.

Os critérios de produção de escrita utilizados pelas crianças do nível II confirmaram o início da fonetização da escrita e indicaram que se elas descobriram que a escrita representa a fala, ainda não haviam compreendido que escrever não é transcrever a fala; portanto, tentavam escrever reproduzindo a pronúncia das palavras, isto é, fazendo uma transcrição fonética. Escrever utilizando a fala como referência implica transgredir as normas ortográficas. Nesse ponto, é preciso apontar o comportamento contraditório de alguns professores, que consideram erro os casos de transcrição fonética, quando o aluno utiliza a fala natural e espontânea como referência. Assim é que, para explicar a escrita de algumas palavras, recorrem à variante de prestígio que, para esse grupo, apresenta-se totalmente desconectada da fala cotidiana. E, ainda, utilizam como modelo de fala uma maneira especial e estranha de pronunciar certas letras e palavras, na ilusão de que assim podem facilitar a compreensão das relações entre letras e sons de acordo com as formas ortográficas das palavras. Exemplos: "tomate" (quando na fala cotidiana dos alunos a pronúncia é "tumati"); "pato" (a pronúncia é "patu"). A maior dificuldade dos alunos, principalmente para aqueles que não são falantes da norma culta, é entender que nem tudo que se fala está correto do ponto de vista escolar. Essa é uma boa oportunidade para explicar ao aluno a relação entre diversidade linguística e diversidade cultural e, ainda, que a estrutura da língua escrita não corresponde à estrutura da língua oral, de modo que tudo que é falado (ou pensado) pode ser escrito, mas não de forma justaposta. Somente assim o professor, em seu papel de mediador, fará uma intervenção de efeitos positivos rumo ao domínio do sistema de escrita pelo aluno.

Em relação à escrita de palavras com ditongos, as tentativas de transcrição dos sons da fala tornam-se mais complicadas, pois no sistema de escrita os ditongos são representados de três formas distintas: 1ª) As sequências de vogais aparecem na escrita e não aparecem na fala, como em "couro", "mineiro"; 2ª) As sequências de vogais aparecem na fala e não aparecem na escrita, como em "paz", "vez"; 3ª) As sequências de vogais aparecem na escrita e aparecem na fala, como em "meu", "boi". Sendo assim, ao tentar refletir sobre as representações dos sons da fala, buscando uma regularidade, o aluno tende a fazer opções, conforme suas hipóteses, as quais podem não corresponder à forma ortográfica da palavra. Para alguns, essa complexidade do mundo da escrita parece não ter fim, pois sempre surge algo diferente, às vezes, contrariando suas hipóteses, o que pode causar grandes inseguranças.

Mesmo dentre as crianças do nível III, que apresentavam uma consciência fonográfica mais desenvolvida, ocorriam casos de transcrição fonética. Durante a produção de frases, constatou-se, também, a permanência do conflito em escrever palavras com sílabas complexas. Esse conflito pode ser justificado pelo método de ensino do professor. Do ponto de vista psicolinguístico, essa complexidade é imposta pelo método, que parte de sílabas "mais simples" para, posteriormente, explorar as "complexas". Porém, no nível de compreensão do aluno, esse pressuposto não procede: trata-se de uma convenção metodológica, com condições externas e impostas ao sujeito que aprende. No início do processo de alfabetização, a compreensão das sílabas, sejam elas simples ou complexas, apresenta o mesmo grau de dificuldade, pois não há letras "mais difíceis" do que outras. Essa é a lógica de quem já sabe escrever e que, mesmo tendo certa prática, se confunde com a grafia de certas palavras. Por exemplo, não procede a ideia de que,

a letra X é intrinsecamente mais difícil do que a letra A. Isso acontece porque partem do pressuposto que escrever palavras em que ocorre a letra X é mais difícil do que escrever palavras em que ocorre a letra A. Ledo engano. Na verdade esses professores estão levando para a prática pedagógica algo que é muito peculiar a eles, e não ao processo de alfabetização. (Cagliari, 1998, p. 47)

Diante da tradição discente de seguir os rumos definidos pelo docente, os alunos incorporam essa suposta dificuldade de compreender a escrita de determinadas palavras. Consequentemente, eles não ousam escrever palavras cuja grafia não dominam. Somente após argumentação no sentido de encorajá-los é que se torna possível verificar suas hipóteses. Essa tradição foi confirmada também nesse estudo durante a produção de frases a partir de gravuras, quando ficou evidente a pouca familiaridade dos alunos em escrever algo com base em suas ideias, extrapolando os limites do referencial, no caso a imagem.

5. Leitura de palavras e frases com e sem imagens

As noções básicas de um sistema de escrita, do ponto de vista gráfico e funcional, são compreendidas mediante a aprendizagem da leitura, isto é, a escrita vai sendo desvendada à medida que se estuda como se deve ler. Dessa forma, por meio de atividades de leitura o aluno revela seus conhecimentos disponíveis sobre a escrita, assim como, na tentativa de solucionar conflitos dessa natureza, reorganiza suas estruturas e constrói novos conceitos linguísticos. Por ser falante da língua portuguesa e estar inserido em um contexto que faz uso dessa linguagem, o aluno dispõe de um conjunto de esquemas assimiladores do funcionamento linguístico, cujo nível de complexidade estrutural depende das etapas de desenvolvimento mental e níveis de conhecimento.

As crianças do nível I, em suas tentativas de leitura com imagem, faziam uma descrição da figura, tentando estabelecer uma correspondência entre a emissão sonora e a sequência do texto escrito. Ex.: para a imagem de um pato amarelo caminhando por uma estrada, a frase era "O pato estava procurando o lago". Geralmente, as crianças do nível I liam: "o pato é amarelo". Quando questionadas sobre a localização de uma determinada palavra na frase indicavam qualquer segmento gráfico, sem critério aparente que justificasse sua indicação. Sendo assim, a palavra "pato" poderia estar no início, no meio ou no final da frase. Nas leituras sem imagem, as crianças atribuíam um significado aleatório ao texto ou afirmavam não saber o que estava escrito. Elas já compreendiam que para ler eram necessárias as letras, porém necessitavam de um contexto para propor o sentido do texto escrito.

Na leitura com imagem, as tentativas das crianças do nível II também eram respaldadas na figura, ainda prevalecia o caráter descritivo, porém com pequenas iniciativas de extrapolar o que estava posto na imagem. Estabeleciam correspondência entre emissão sonora e o segmento gráfico produzido. Ex.: para mesma imagem e frase do exemplo anterior, a criança do nível II lia "o pato amarelo está perdido na floresta". Na leitura sem imagem, havia algumas tentativas de atribuir significado ao texto com base no conhecimento disponível sobre a escrita, mas diante dos conflitos, as crianças tinham uma tendência a desistir, afirmando não saber o que estava escrito.

As crianças do nível III, durante a leitura com imagem, estabeleciam correspondência entre cada emissão sonora e o segmento gráfico produzido. Tentavam fazer uma leitura independente da imagem, apesar de buscarem uma correlação entre figura e texto. Alguns alunos, talvez na ânsia de terminar a leitura, desconsideravam a frase e enfatizavam a imagem. Nesses casos, eles eram questionados e alertados em relação a escrita. Consequentemente, na segunda tentativa se saíam melhor, revelando dificuldades na leitura da palavra "procurando" (a frase era a mesma dos exemplos anteriores, "O pato estava procurando o lago"). Na leitura sem imagem, apresentavam critérios para significação do texto, respaldando-se na decodificação da escrita. Também na atividade de leitura era possível observar conflitos nas sílabas complexas.

Comentários sobre a leitura de palavras e frases com e sem imagens

Em todos os níveis, as tentativas de leitura revelaram um esforço lógico e reflexivo que antecipava hipóteses acerca do texto escrito, a partir de seus indícios ou sinais. A capacidade de testar a hipótese, avançando ou recuando na leitura, era distinta, conforme o nível de conhecimento da criança. Se aprender a ler supõe um processo, existem diferentes níveis nesse processo, portanto, distintas formas de leitura.

Mesmo atribuindo um significado aleatório ao texto, o fato de as crianças do nível I simularem uma leitura colocando o livro na posição correta, exibindo um discurso diferente do coloquial, "lendo" da esquerda para a direita, indicou que elas sabiam o que é ler, pois dispunham de informações que não estariam presentes se não tivessem, previamente, uma experiência direta com leitores. Esse tipo de conduta é adquirido pela vivência de situações de leitura, pela imitação espontânea, que não equivale à cópia passiva, mas a tentativas de compreender o modelo imitado.

A forma como concebiam as relações entre desenho e escrita mostrou que as crianças desse nível já diferenciavam uma forma de representação da outra, porém ainda não compreendiam a escrita como um sistema de regras próprias. Mesmo identificando o que é e o que não é letra, não compreendiam seu aspecto funcional; portanto, atribuíam-lhe um significado aleatório. No caso de um texto seguido de uma imagem, a leitura era concebida como a reprodução do significado da imagem, ou seja, mantinha relações muito estreitas com o desenho, porém não equivalia a ele: era um tipo de representação com características específicas. No caso de leitura de palavras seguidas de imagem, a hipótese das crianças era que a palavra representava o nome do desenho. Para Ferreiro e Teberosky (1986), a palavra é considerada como uma "etiqueta do desenho", constituindo um momento importante da conceitualização da escrita. Como se tratava de crianças que não sabiam ler decifrando o código linguístico, era perfeitamente compreensível que elas tentassem dizer algo a respeito do texto interpretando as figuras e os desenhos. Esse é um procedimento lógico e inteligente utilizado, inclusive, por especialistas em decifração de sistemas linguísticos desconhecidos (Cagliari, 1998).

Diante de textos e palavras desprovidos de imagem, as crianças do nível I apresentavam dois tipos de conduta: faziam uma leitura aleatória, atribuindo um significado à escrita e fazendo corresponder a emissão sonora com a sequência gráfica ou negavam-se a fazer a leitura. A correspondência acontecia na forma de leitura corrida ou de recorte silábico da emissão. Nesse ponto, foi interessante observar que as crianças dispunham de compreensão sobre o que seja uma frase, tanto que as verbalizavam compostas de substantivos, verbos e artigos. Esse conhecimento era próprio da experiência escolar, uma vez que as professoras trabalhavam a produção de frases escritas. Não houve afirmação quanto à impossibilidade de ler em função da falta de imagem, o que significou um avanço em relação a crianças que admitem ser possível a leitura desde que haja uma imagem.[4]

As crianças do nível II, durante suas tentativas de leitura de palavras e frases com imagem, também atribuíam um significado à escrita a partir da imagem. Buscavam, porém, indicadores no texto que sustentassem a antecipação feita anteriormente. As considerações acerca das propriedades do texto eram referenciadas no conhecimento disponível sobre a língua escrita, quando as letras começavam a ter um valor de índice. Esse comportamento marca um momento, posterior à gênese, em que o significado do texto não é definido inteiramente pela imagem, sendo necessários outros elementos que confirmem o significado atribuído. De acordo com Ferreiro e Teberosky:

> buscar letras — índices — é considerar o texto em função de propriedades ainda mais específicas que o comprimento. As letras são características particulares de um texto que o diferenciam de outro, e que servem para apoiar uma atribuição e eliminar uma variedade maior de outras atribuições possíveis. O caminho em direção à estabilidade e conservação do significado já começou. (1986, p. 70)

Durante as tentativas de leitura sem imagem, assim como na escrita, diferentes caracteres gráficos recebiam atribuições sonoras distintas. O fato de a criança tentar ler com base nos conhecimento disponíveis — ou negar-se a fazê-lo quando desconhecia a sequência das letras — confirmou a existência de critérios, ou seja, não era mais possível atribuir um significado aleatório, como no nível anterior. Esses critérios referiam-se a indicadores textuais: sem saber decifrar completamente, mas com base no conhecimento de algumas letras, tornava-se possível identificar

---

4. Nenhuma criança participante desta pesquisa apresentou esse tipo de hipótese, que caracteriza um nível anterior ao nível I deste estudo.

certas palavras do texto, seja pela letra ou sílaba inicial, seja pelo reconhecimento da palavra a partir de outros contextos ou, ainda, pelo confronto com outras palavras já conhecidas.

Sendo assim, é possível afirmar que as hipóteses e tentativas de leitura podem anteceder o conhecimento de todas as letras do alfabeto. Para tanto, faz-se necessário que os textos trabalhados ofereçam indícios que compensem a insuficiência da decifração. A mediação do professor, ou de um colega mais experiente, também é fundamental para a reflexão da criança e constitui um estímulo à aprendizagem, pois oferece a informação necessária, incentiva o reconhecimento de indicadores e esclarece o conteúdo da palavra. A desistência da leitura diante dos conflitos ocorre, principalmente, porque a escola não encoraja as tentativas de atos de leitura. Nesse sentido, desconsidera que a criança tem hipóteses sobre o que é ler, mesmo quando não reconhece o funcionamento do sistema alfabético. Valoriza, dessa forma, somente a leitura convencional.

As crianças do nível III eram mais criteriosas em relação aos indicadores textuais. Assim, durante as atividades de leitura — com ou sem imagem — mediante o conhecimento do funcionamento do código alfabético e dos procedimentos da decifração, tornava-se improvável que elas desconsiderassem o que estava escrito. Isso não significa que faziam uma leitura fluente; porém, mais importante do que ler fluentemente é interpretar e refletir sobre o texto lido. Essa habilidade precisa ser desenvolvida paralelamente à aprendizagem da leitura. O problema é que as escolas enfatizam a leitura fluente e deixam a reflexão em segundo plano, como se para refletir sobre o texto fosse necessário saber decifrá-lo na íntegra. A decodificação é importante, mas apenas como um instrumento para a compreensão. O ensino dos procedimentos de leitura compreensível não pode ser adiado, pois, do contrário, corre-se o risco de formar alunos que dominam o sistema de decifração, mas não utilizam a leitura como meio de aprendizagem ou de acesso à informação. São os chamados analfabetos funcionais: sabem ler e escrever, no sentido de conhecer a técnica de leitura e de escrita, mas não empregam esse conhecimento para resolver situações da vida cotidiana ou, ainda, o conhecimento disponível não é suficiente para tal. Nessa direção, Curto afirma que:

> Decifrar sem compreender é um sintoma de hábitos prejudiciais, em que se separou o mecânico do compreensivo. Jamais deveria acontecer, na escola, uma situação em que a compreensão não fosse prioritária. Para isso, é preciso ler sempre textos autênticos, cujo significado seja necessário desvendar com um objetivo claro e explícito. (2000a, p. 47)

A leitura compreensiva pode ser trabalhada mediante acesso a textos de diferentes modalidades: expositivos, contos, notícias, anúncios etc. Para tanto, o mediador deve recorrer a portadores de escrita de uso social, uma vez que esses trazem características da linguagem escrita: complexidade léxica, morfológica, sintática e semântica. O contato com diferentes portadores favorece, também, o desenvolvimento da leitura fluente, de forma gradativa. É importante considerar que não há uma fluência ou velocidade de leitura ideal, cada um lê de acordo com seu ritmo de fala: uns mais depressa, outros mais devagar. Existe uma certa variação, própria de cada indivíduo, que precisa ser respeitada pelo alfabetizador.

6. Observação do material escolar

As crianças do nível I não conseguiam organizar seu material escolar, não sabiam como utilizar o espaço do caderno corretamente e, geralmente, tinham dificuldade para copiar do quadro. Apresentavam, ainda, problemas de espaçamento entre as palavras, omissão de letras e legibilidade. Já no nível II, era possível verificar um avanço na organização do material escolar em relação ao nível anterior. Entretanto, as dificuldades de copiar do quadro e os casos de espaçamento entre as palavras, omissão de letras e legibilidade, ainda permaneciam. Finalmente, a utilização do material escolar pelas crianças do nível III revelava maior compreensão de uso do espaço do caderno e domínio da cópia do quadro-negro. Em relação à organização, ainda era possível observar, com poucas exceções, uma certa falta de zelo e cuidado.

Comentários sobre o material escolar

Para a maioria das crianças, independentemente do nível de conhecimento, possuir material escolar era uma novidade, uma vez que em casa elas não dispunham desse tipo de recurso. Sendo assim, geralmente no início do período letivo existia um cuidado e, ao mesmo tempo, uma curiosidade de exploração e conhecimento. Nesse processo de interação com o material, a criança utilizava-o como se fosse um brinquedo; inclusive, em alguns casos, o material era usado para brincar de "escolinha". Esse momento é necessário e favorável à aprendizagem da criança, que não deve ser impedida de lidar com seus materiais e, sim, orientada sobre como os manusear. Procedendo de forma equivocada, alguns pais e professores não permitem que as crianças tenham contato com seus objetos escolares fora da situação de aula, o que dificulta a aprendizagem a respeito de como lidar com eles. É preciso saber que brincando também se aprende.

Em relação à utilização do espaço do caderno, trata-se de um conhecimento que deve ser transmitido pelo professor, já que existe uma convenção social quanto à forma correta de nele se escrever, que pode variar dependendo da cultura. Uma análise dos cadernos das crianças dos níveis I, II, e III revelou que o procedimento correto era adquirido gradativamente, à medida que elas interagiam com livros e cadernos; observavam como um colega mais experiente fazia seus registros. Enfim, quando vivenciavam as diversas possibilidades de escrita. Como qualquer conteúdo escolar, nesse caso também a aprendizagem não é nem linear, nem cumulativa, mas resultado de uma construção progressiva, que inclui informações, procedimentos e ações específicas.

Copiar do quadro é, no início, um grande desafio. Trata-se de uma atividade que envolve diferentes habilidades: coordenação visomotora, noção espacial e sequencial, percepção e discriminação visual. O tipo de letra utilizado pelo professor, assim como o ritmo exigido para a conclusão da atividade e o tamanho do texto a ser copiado, são fatores que interferem nas possibilidades de fazer uma cópia do quadro com êxito. Esse é também um conhecimento adquirido gradativamente, tanto que os casos de falta de espaçamento entre palavras, omissão de letras e legibilidade, apresentaram uma tendência a diminuir do nível I ao nível III. Para favorecer esse avanço do aluno, o professor precisa conhecer suas dúvidas e esclarecê-las, não como uma "lição" trabalhada em um único dia, mas via necessidades reveladas no contato cotidiano com os textos e as escritas das crianças.

7. Conversas informais

As conversas informais com os alunos faziam parte do processo e, como situação de observação, revelaram características distintas por nível de conhecimento. Em diferentes momentos, a criança do nível I manifestou um comportamento egocêntrico: seus interesses eram imediatos, assim como sua facilidade para se dispersar. Era possível falar de diferentes assuntos ao mesmo tempo e sair do diálogo para participar de outra situação. Durante a interação com os colegas, tinha mais facilidade para falar do que para ouvir. O seu discurso apresentava uma certa sequência e seus argumentos exibiam lógica e coerência particulares.

A criança do nível II também apresentava atitudes egocêntricas, caracterizadas pela facilidade para se dispersar ou para não participar da conversa ou jogo proposto. Este fato dependia muito da individualidade da criança: algumas eram mais comunicativas, enquanto outras mais caladas. Durante o diálogo com os colegas, era possível observar o início da escuta do discurso do outro, na maioria das vezes para contra-argumentar. Havia no discurso próprio um início de coesão textual e, também, alguns argumentos lógicos e coerentes.

A criança do nível III exibia mais maturidade: durante as conversas informais, observava-se o uso de argumentos lógicos e coerentes, assim como maior disponibilidade para ouvir o discurso do outro.

Comentários sobre as conversas informais

Com base nos comportamentos manifestos, pode-se afirmar que existia uma evolução psicogenética no discurso e nas atitudes dos alunos, caracterizada por uma progressiva socialização do pensamento. A princípio, as ações eram menos coordenadas e voltadas para um fim imediato. À medida em que as crianças avançavam em seu processo de desenvolvimento, influenciadas por fatores internos (biológicos) e externos (sociais), as ações passavam a ser mais coordenadas, inclusive planejadas *a priori*, com finalidades a curto e médio prazo. Era possível observar maior aceitação do ponto de vista do outro, o que nem sempre significava abandonar as próprias ideias. Esse processo evolutivo foi muito nítido no comportamento e nas hipóteses das crianças do nível I ao nível III.

8. Observação dos alunos em situações de jogos

Os comportamentos das crianças ao utilizar o material escolar, assim como ao longo das conversas informais, foram observados, também, nas diferentes situações de jogos, revelando indícios do desenvolvimento infantil em vários aspectos. Assim, a criança do nível I manifestava dificuldades de organizar uma estratégia de jogo, principalmente quando este envolvia regras complexas. Notou-se uma tendência marcante para desconsiderar o estabelecido, seguindo suas próprias intenções e interesses imediatos. O comportamento egocêntrico dificultava coordenar ações para prosseguir em um jogo de equipes. Já a criança do nível II apresentava uma ligeira evolução na capacidade de organização. Estava mais alerta às regras, porém com tendência a se dispersar, quando não gostava do jogo proposto. Apesar das iniciativas de diálogo, ainda ocorriam comportamentos egocêntricos, que dificultavam a definição de uma estratégia comum, durante os jogos de equipe. A criança do nível III era mais organizada: durante o jogo, não apenas estava atenta às regras como, em alguns momentos, tentava modificá-las, principalmente se fosse em benefício próprio. O egocentrismo, também, encontrava-se presente nesse nível, porém de forma mais amena. Começava a manifestar um início da reciprocidade interpessoal, que ampliava as oportunidades de diálogo, tornando possível estabelecer uma estratégia comum para as atividades de equipe.

Comentários sobre as situações de jogos

O jogo é sempre um momento rico de interação e compreensão do universo infantil. Segundo Macedo (1994), o jogo cria um contexto de diálogo e de observação dos processos de pensar e construir conhecimentos. Possibilita, ainda, uma aproximação ao mundo mental da criança. O jogo é mais uma opção para a prática docente e psicopedagógica, uma vez que, via atividade lúdica, a criança amplia as possibilidades de estabelecer relações sociais, interage cognitiva e afetivamente com objetos de conhecimento, compreende a realidade etc.

No presente estudo, foi possível perceber, como reza a premissa piagetiana, uma relação entre a estrutura da inteligência e o desenvolvimento do jogo. As crianças manifestavam características do pensamento egocêntrico, porém com progressiva descentração do nível I para o nível III de conhecimento, o que significava caminhar para o pensamento operatório. Em outras palavras, o jogo como atividade simbólica possibilitava o surgimento de uma inteligência representativa do real e mediada por símbolos subjetivos que antecediam a inteligência operatória, a qual era, por sua vez, mediada por signos históricos e sociais. Por meio do jogo e da imaginação criadora, eram ampliadas as possibilidades de ação e compreensão do mundo, visto que essa atividade promovia a assimilação e a acomodação.

Com base em Piaget, é possível estabelecer uma correlação entre a estrutura da inteligência e o desenvolvimento do jogo. Dessa forma, durante o período sensório-motor prevalecem os jogos de exercício, que consistem em manipulações de objetos e hábitos motores e correspondem às primeiras manifestações lúdicas da criança. Nessa fase do desenvolvimento são exercitados os esquemas de ação por meio de "uma espécie de lógica dos movimentos e das percepções" (Piaget, 1973, p. 174). No período pré-operatório é a vez da brincadeira simbólica, uma das manifestações da função semiótica. Nessa etapa, é comum a criança transformar a realidade por meio do "faz-de-conta". Esta assimilação modificada do real possibilita uma interação com o mundo e suas contradições e, também, a elaboração de conflitos, além da satisfação de desejos e necessidades. Sendo assim, o brincar é fundamental para a adaptação intelectual e afetiva da criança, mesmo quando na modalidade egocêntrica. O jogo torna-se expressão da realidade à medida que avançam os processo de socialização e de redução do egocentrismo. Isso ocorre no período das operações concretas, quando surge o jogo de regras, que "não contradiz a noção de assimilação do real ao eu, conciliando a assimilação lúdica com as exigências de reciprocidade social" (Piaget 1978, p. 216). Nesse período, a novidade do jogo é a regra que, na visão infantil, deve ser respeitada, em especial quando transmitida como convenção, principalmente, pelos mais velhos (natureza institucional). As regras podem, não obstante, ser modificadas, quando há concordância entre os participantes (natureza contratual). Por intermédio de pesquisas, Piaget investigou como crianças em diferentes períodos de estruturação da inteligência adaptavam-se às regras e verificou que, no período sensório-motor, os jogos de exercício não seguem regras, não há submissão da criança a critérios pré-fixados. Nesse sentido, as ações podem ser interrompidas conforme o interesse de cada um. Por ser uma fase egocêntrica, não existe competição e nem a tentativa de vencer o outro, tanto que todos os participantes podem ganhar o jogo. Dessa forma, mesmo quando joga com outros, a criança está jogando sozinha. É somente quando começa a buscar entendimento com os demais e com eles cooperar, integrando diferentes pontos de vista, que o jogo se torna uma atividade social.

O desenvolvimento da linguagem tem uma importante influência nas novas relações sociais. Mesmo assim, é possível, especialmente no período pré-operatório, que a criança siga suas fantasias simbólicas (primeira etapa da cooperação), o que foi observado, principalmente, nas crianças do nível I e II do presente estudo. A socialização da brincadeira é gradativa e avança à medida que, respaldada na estrutura intelectual, a criança passa a respeitar a regra e tenta prever os casos possíveis e sistematizar as exceções, como revelaram as crianças do nível III. As situações lúdicas, ocorridas em um determinado contexto social, contribuem para o desenvolvimento da reciprocidade interpessoal, da descentração, da reversibilidade de pensamento e da autonomia moral e intelectual, características necessárias ao desenvolvimento do pensamento operatório. Isto posto, pode-se afirmar que, em cada período de estruturação da inteligência, o jogo tem uma contribuição importante, pois da mesma forma que emerge da estrutura cognitiva, favorece sua construção.

Diante da possibilidade de construção do conhecimento em contextos lúdicos, a intervenção psicopedagógica deve propor brincadeiras e jogos compatíveis com os esquemas assimiladores da criança, ou seja, é preciso considerar a relação do jogo com a estrutura da inteligência. Isso significa que não é qualquer brincadeira que irá desencadear uma circunstância propícia ao desenvolvimento e à aprendizagem. Tendo em vista o perfil do aluno e os objetivos almejados, os jogos devem ser selecionados conforme suas possibilidades de auxiliá-lo a avançar.[5] Na prática de intervenção, deve-se ter em vista que, diante de um mesmo material, existem diferentes formas de exploração, isto é, o mediador não pode delimitar as alternativas, pois é importante que a criança tenha liberdade de apresentar propostas e sugerir critérios de funcionamento. O seu comportamento, enquanto joga, precisa ser bem observado, uma vez que revela indícios sobre diferentes aspectos de seu desenvolvimento. É possível a introdução de certos conflitos e questionamentos para que a criança reflita sobre as contradições e passe a considerar as possibilidades de modificação do pensamento, conforme a situação proposta. Isso significa realizar coordenações, retroações, antecipações e trocas, favorecendo a organização e a exposição ordenada do pensamento.

O Laboratório de Psicopedagogia do Instituto de Psicologia da USP (LaPp) desenvolve trabalhos didático-científicos, enfocando os jogos de regras, a psicopedagogia e a aprendizagem escolar na perspectiva piagetiana. Os jogos não são considerados como substitutos das atividades escolares, mas como um recurso complementar ao processo de aprendizagem que se passa nas escolas. No laboratório, durante os atendimentos psicopedagógicos, os jogos são utilizados como instrumento de diagnóstico e como estratégia de intervenção. As situações lúdicas são trabalhadas para favorecer a socialização, o desenvolvimento das habilidades mentais, a (re)estruturação e a reversibilidade do pensamento.

---

5. Os jogos podem ser livres e ter, como principal objetivo, a distração e socialização da criança.

Macedo (1992) propõe uma intervenção psicopedagógica por meio de jogos de regras. Na perspectiva do autor, uma intervenção construtivista deve criar condições para que o ser humano possa e queira estabelecer suas relações com o mundo em um nível operatório formal. Nesse sentido, os jogos possibilitam a compreensão de situações-problemas e a construção de ações e operações para responder às questões colocadas pelo cotidiano. Ainda conforme a proposta de Macedo, o jogo pode favorecer a análise do erro, na perspectiva da construção do conhecimento.

Brenelli (1993) também apresenta uma proposta psicopedagógica por meio de jogos de regras, os quais são considerados como facilitadores da construção do conhecimento lógico-matemático. Com base em pesquisa sobre a construção de estruturas operatórias e noções aritméticas de crianças com dificuldades de aprendizagem, a autora explica que essa atividade lúdica não consiste em ensinar noções lógico-matemáticas, mas em favorecer a sua construção via processos de equilibração e da tomada de consciência, no sentido piagetiano dos termos.

Isto posto, é importante acrescentar que o trabalho com jogos não objetiva ensinar conceitos ou noções, mas, sim, favorecer os processos de equilibração, em direção à tomada de consciência necessária à construção de qualquer conhecimento. No entanto, na escola, nem sempre a atividade lúdica é considerada como capaz de possibilitar a construção de conhecimentos significativos, uma vez que a noção de aprendizagem está muito vinculada a uma concepção transmissiva de informações, que adota uma forma metódica, linear e desprovida de ludicidade. A teoria de Piaget alerta para a necessidade de conceber o processo de aprendizagem como multifacetado e pluricausal, contrário à tendência estática, universalista e atemporal, subjacente à concepção transmissiva.

9. Comentários sobre as "entrevistas" com os pais – anamnese

Durante a realização desse trabalho não se seguiu um modelo de entrevista estruturado e específico com os pais dos alunos. Na verdade, ocorreram diálogos. Os contatos aconteceram paralelos ao processo, conforme as necessidades. As informações dos pais serviram, principalmente, para elucidar o perfil dos alunos enquanto participantes da *pesquisa-ação* e para compreender alguns de seus comportamentos em sala de aula. Em nenhum momento, o discurso dos pais serviu de justificativa para as supostas dificuldades apresentadas pelos alunos.

Após esse momento de diagnóstico da realidade escolar, foi possível dispor de elementos para iniciar a intervenção psicopedagógica em sala de aula, dando início, assim, ao segundo momento da investigação: a implementação do projeto de intervenção, cujo desenvolvimento compõe o próximo capítulo deste livro.

3

A implementação do projeto de intervenção

> Cabe à instituição escolar proporcionar a todas as crianças, independente de seu nível de desenvolvimento e meio social de origem, a aquisição de conhecimentos e estruturas básicas de pensamento que subsidiem conquistas posteriores. (Miranda, 2000, p. 145)

Após a realização do diagnóstico inicial, ao final do período letivo de 2002, a análise do rendimento dos alunos P. A. ("problema de aprendizagem") em sala de aula revelou progressos na alfabetização. Porém, os avanços obtidos foram considerados insuficientes para aprovação, conforme argumentos apresentados pelas professoras, que se embasavam principalmente na falta de domínio da leitura e da escrita. Dos 31 alunos envolvidos no projeto (fase do diagnóstico inicial), 2 foram aprovados, 5 saíram da escola e 24 foram reprovados. O grupo de alunos reprovados foi os participantes da fase de implementação do projeto, em 2003. Destes, 8 eram da 1ª série, com faixa etária variável entre 7 e 9 anos, e 16 da 2ª série, com faixa etária variável entre 9 e 12 anos. A organização por níveis de conhecimento, conforme indicou o diagnóstico inicial, era: 3

alunos do nível I (3 meninos da 1ª série); 8 alunos do nível II (5 meninos da 1ª série e 3 meninos da 2ª série); 13 alunos do nível III (8 meninos e 5 meninas, todos da 2ªsérie).

Para sequência do trabalho e tendo em vista a intervenção psicopedagógica foram necessárias algumas mudanças na condução do processo pedagógico, uma vez que as ações seriam desenvolvidas, sobretudo, durante as aulas, o que implicaria predisposição para estudos e revisão de posturas e procedimentos. Os estudos e planejamentos passaram a acontecer semanalmente, assim como a presença da pesquisadora e da pedagoga na sala de aula. A intenção era garantir um espaço para discussões e para compartilhar problemas, dúvidas e ansiedades.

Considerando algumas dificuldades e o pouco envolvimento por parte de alguns professores, além do número de alunos, o grupo optou por desenvolver a intervenção em duas salas, sendo uma de 1ª e outra de 2ª série. Para tanto, duas professoras dispuseram-se a participar do trabalho realizado em sala de aula e extrassala, com acompanhamento da pesquisadora e da pedagoga. Essa delimitação do número de professoras participantes da pesquisa justificou-se na tentativa de evitar dificuldades futuras nos procedimentos de intervenção, uma vez que a predisposição docente era fundamental para o êxito do projeto.

As salas foram formadas não apenas pelos alunos do projeto de pesquisa, mas também por alunos novatos. Como já colocado anteriormente, a intenção não era formar uma turma homogênea, mas, sim, favorecer a prática pedagógica, a qual, por sua vez, implicava classes heterogêneas, pois a diversidade é um requisito do processo de aprendizagem. Uma classe de alfabetização é constituída de crianças com histórias de vida diferentes: umas sabem algumas coisas, outras sabem outras, umas já frequentaram a escola, outras a estão frequentando pela primeira vez, umas têm experiências sistematizadas com a língua escrita, outras mal manuseiam seu material; por fim, as realidades são distintas e essa diversidade é positiva quando se tem a pretensão de trabalhar de forma interativa, respeitando as singularidades. Isso parece necessário na medida em que aprender é, também, um ato individual: cada um aprende segundo seu nível de desenvolvimento, suas experiências e suas habilidades. Trata-se de um processo construtivo na mente e nas ações do indivíduo, que aprende de acordo com uma trajetória própria, até onde sua individualidade o levar (mecanismos endógenos). Em outros termos, o conhecimento é, principalmente, resultado do esforço de elaboração do próprio indivíduo.

Do ponto de vista piagetiano, a aprendizagem ocorre mediante estruturas assimiladoras, as quais não são pré-formadas ou dadas *a priori*, mas progressivamente construídas por mecanismos endógenos. Dessa forma, o desenvolvimento cognitivo é um processo de estruturação ou de construção de estruturas coerentes à interpretação da realidade. A reorganização das estruturas ou esquemas mentais pode ser observada quando um aluno tenta compreender um conteúdo ensinado pelo professor. O saber a ser transmitido ao aluno é objeto de conhecimento e, como tal, será reconstruído, não se constituindo em mera repetição dos ensinamentos docentes. Se este aluno tiver oportunidade de manifestar seus pensamentos e suas hipóteses, sua resposta poderá ser diferente da esperada, uma vez que estará modificando suas estruturas para entender a nova informação. Daí falar-se em reconstrução, processo cujas especificidades, típicas do desenvolvimento cognitivo, não podem ser confundidas com incapacidade para aprender, o que significa uma concepção equivocada de aprendizagem. A resposta diz do conhecimento prévio do aluno, de seus esquemas assimilativos e dos mecanismos cognitivos utilizados na interação com o meio. Nessa vertente, segundo Piaget:

> [...] uma aprendizagem não parte jamais do zero, quer dizer que a formação de um novo hábito consiste sempre em uma diferenciação a partir de esquemas anteriores; mais ainda, se essa diferenciação é função de todo o passado desses esquemas, isso significa que o conhecimento adquirido por aprendizagem não é jamais nem puro registro, nem cópia, mas o resultado de uma organização na qual intervém em graus diversos o sistema total dos esquemas de que o sujeito dispõe. (1959, p. 69)

As manifestações de inteligência são evidenciadas quando o sujeito tem liberdade de levantar hipóteses, prever resultados, atribuir significados, errar. Se a aprendizagem fosse assim compreendida, o foco de mediação do professor deixaria de ser a busca por minimizar os supostos erros dos alunos, para centrar-se na construção de estruturas mentais superiores, que respaldam a aprendizagem de conteúdos, considerados como meios para o desenvolvimento de competências e habilidades.[1] Segundo Vinh-Bang (1990), o nível de desenvolvimento cognitivo é negligenciado na escola, os "apoios" pedagógicos e "recuperações" priorizam os conteúdos a serem ensinados, em detrimento da construção das estruturas cognitivas necessárias para a aprendizagem. De acordo com Piaget, dominar um conteúdo não é pré-requisito para aprendizagem de outro (visão associacionista), mas, sim, a construção de estruturas e esquemas mentais que possibilitem a assimilação do novo. É a síntese de circunstâncias — internas e externas — que desencadeia o pensamento reflexivo, o qual embasa atividades de analogias, diferenciações, integração e reorganização de conhecimentos. A aprendizagem ocorre, portanto, por processos internos (devido à natureza dos conflitos que excitam o pensamento, em conformidade com as possibilidades assimiladoras do indivíduo) e externos (pois se dá a partir das interações do sujeito reflexivo e de suas necessidades de cooperação social). Nesse sentido, é possível afirmar que a aprendizagem de conteúdos, de valores e de formas de pensar, sentir e agir são construções que fazem parte da natureza humana.

Piaget (1920) defendia a necessidade de tratamentos diferentes para pensamentos em níveis diferentes. A presente intervenção, portanto, tentou ir ao encontro das características de cada criança em relação a seu pensamento e a aspectos de seu desenvolvimento. Por assim ser, tornou-se inviável qualquer tentativa de homogeneização ou padronização, seja do ensino, seja da aprendizagem. De fato, isso seria uma violência contra a liberdade e a racionalidade humana. Para Lajonquière (1992), com base em Piaget, não é possível padronizar a aprendizagem, motivo pelo qual o professor precisa resistir à pretensão de controlar o

---

1. Essa é a concepção de conteúdo apresentada nos Parâmetros Curriculares Nacionais — PCNs (1996).

ensino e aceitar que aquilo que o aluno aprende não corresponde inteiramente ao que foi ensinado. Nessa perspectiva afirma:

> Em primeiro lugar, as aprendizagens não se reduzem a uma simples inscrição *a priori* — mas, pelo contrário, baseiam-se em um processo de assimilação ativo, que carrega em si conflitos, erros e reformulação, os quais acabam tornando imprevisíveis e não padronizáveis tanto os procedimentos de resolução de problemas como a efetiva passagem de um nível estrutural de conhecimento a outro — ficam impugnadas as tentativas de formular programações clássicas. Em segundo lugar, a incompatibilidade psicológica existente entre aquisição de conhecimento e o conhecimento simultâneo desse processo construtivo questiona qualquer pretensão de controlar direta e mecanicamente o funcionamento daquilo que Piaget chamou de 'inconsciente cognitivo', compreendido, de certa forma, como sendo a 'morada' do mecanismo de equilibração majorante, responsável, em última instância, pela dinâmica das aprendizagens. (Lajonquière, 1992, p. 62-3).

Isto posto, a intervenção partiu do princípio de que o processo de aprendizagem, que resulta de reelaborações sucessivas, não pode ser controlado, mas, sim, acompanhado: cada aluno tem seu ritmo próprio, seu estilo e interesse, enfim, um jeito peculiar de interagir com o mundo.

A implementação do projeto de intervenção teve início concomitante ao ano letivo de 2003. Parte da análise da realidade escolar dos participantes da pesquisa foi, no entanto, realizada desde o ano anterior. Em outras palavras, a implementação caracterizou-se pelo exame constante do objeto de investigação e pela reflexão permanente da ação, a qual poderia ter (e teve) sua trajetória modificada, tendo em vista os acontecimentos do cotidiano. Esse procedimento permitiu a revisão de alguns encaminhamentos adotados, o que favoreceu a construção de uma visão mais holística acerca do fenômeno investigado, a qual, não desprovida de aspectos subjetivos, foi certamente influenciada pelo contexto social e político imediato e mais amplo.

O que se pretendia conseguir mediante a intervenção psicopedagógica? Que ela favorecesse o sucesso do aluno, ainda que não fosse a única responsável por ele. De fato, não era possível negar a existência de outras variáveis intervenientes, porém a intervenção deveria ser um elemento facilitador da aprendizagem. Dessa forma, esperava-se, em relação aos alunos, que construíssem estruturas cognitivas que os levassem a aprender e, em relação às professoras, que conseguissem reconhecer e qualificar as hipóteses, bem como os progressos dos alunos, encaminhando ações no sentido de eliminar obstáculos e dificuldades postas à aquisição do conhecimento, preparando o aluno para aprender a aprender. De acordo com a epistemologia genética, elas deveriam ser organizadoras de ações. Nas palavras de Piaget, "...é preciso que os professores aceitem a imensa responsabilidade das orientações individuais e compreendam suficientemente a complexidade dos problemas para assegurar as colaborações úteis" (1969, p. 129). Ou ainda, a função do professor é a "...de inventar situações experimentais para facilitar a invenção de seu aluno" (Piaget, 1975, p. 89).

Dentre as aprendizagens básicas, o domínio da leitura e da escrita teve um lugar relevante, conforme indicaram as queixas das professoras (questionário do Anexo 1 — *História da queixa*). Sendo assim, tornou-se fundamental partir das ideias das crianças sobre o que era ler e escrever e das concepções das professoras sobre como se aprendia e como se ensinava a leitura e a escrita. Na verdade, por ser um protagonista do processo de aprendizagem, o professor deve ter muitos conhecimentos, ideias, ser criativo, enfim, tornar-se um construtor de saberes. Trata-se de uma função que demanda responsabilidade e compromisso, podendo ser menos árdua diante da possibilidade de uma interlocução com outros educadores. Segundo Ferreiro:

> os processos de capacitação mais rápidos, profundos e bem-sucedidos parecem ser aqueles em que alguém acompanha o professor em serviço. Esse alguém pode ser qualquer pessoa envolvida nas questões (inclusive outro professor), com a condição de que consiga transformar-se em um interlocutor. Ver o que aconteceu em uma hora de aula sob outro ponto de vista, discutir sobre o que se disse ou o que não se disse, sobre o que se fez ou o que não se fez, pôr em discussão o que se pretende e os meios

utilizados, refletir sobre os pressupostos implícitos, compartilhar dúvidas e certezas, tudo isso ajuda mais o professor a pensar do que várias horas de aula convencional. (1993, p. 49)

A intervenção psicopedagógica junto às professoras precisou ser um trabalho contínuo e cooperativo. Não existiam verdades e soluções prontas. Os caminhos e possibilidades foram construídos no cotidiano escolar. Na trajetória da ação, o passo seguinte foi o planejamento psicopedagógico, respaldado no conhecimento prévio dos alunos. Foi, portanto, um momento distinto do planejar *a priori*, que significa o educador pensar que pode propor o que ensinar, sem conhecer o educando. A partir dos níveis de conhecimento identificados, a intenção era criar situações favoráveis ao avanço dos alunos, já que a construção do conhecimento ocorre por reestruturação do antigo saber, com todas as novidades e rupturas que esse processo acarreta. De acordo com Piaget (1976), trata-se de mudanças cognitivas que acontecem por reorganizações sucessivas e sequenciais, de forma que cada nível de conhecimento resulta das possibilidades colocadas pelas etapas precedentes, ao mesmo tempo em que favorece a formação dos níveis de conhecimento que se sucedem. Esses princípios modificam a atuação do professor, que precisa estar mais preparado para observar e interpretar as diversas atitudes e comportamentos dos alunos.

A qualidade da ação do mediador inclui, necessariamente, a competência de reconhecer e lidar com as diferenças e necessidades dos educandos. Não é possível descartar a ocorrência de problemas ou dificuldades de aprendizagem devido a questões escolares, uma vez que a escola é, normalmente, despreparada para trabalhar com níveis variados e necessidades diversificadas. Ferreiro e Teberosky (1986), com base em Piaget, investigaram a psicogênese da língua escrita e constataram que o fracasso ou o sucesso na alfabetização relaciona-se com as características cognitivas individuais mais, notadamente, com a forma por meio da qual a escola identifica e trabalha essas características para favorecer a aquisição da leitura e da escrita pelo aluno. Afirmam as autoras que fracassar ou ser bem-sucedido depende

[...] das condições em que se encontre a criança no momento de receber o ensino. As que se encontram em momento bem avançados de conceitualização são as únicas que podem tirar proveito do ensino tradicional e são aquelas que aprendem o que o professor lhes propõe ensinar. O resto são as que fracassam, às quais as escolas acusam de incapacidade para aprendizagem ou de "dificuldade de aprendizagem", segundo uma terminologia já clássica. Porém atribuir as deficiências do método à incapacidade da criança é negar que toda aprendizagem supõe um processo, é ver déficit ali onde somente existem diferenças em relação ao momento de desenvolvimento conceitual em que se situam. (1986, p. 191)

Em oposição às metodologias tradicionais, a didática de inspiração psicogenética, embasa-se na possibilidade do educador organizar e propor experiências significativas de desenvolvimento e aprendizagem, estabelecendo uma mediação entre o aprendiz e os objetos de conhecimento: objetos e outros sujeitos, inseridos em um determinado contexto. Nessa relação, a produção do aluno é sempre significativa, pois revela um estado de conhecimento. Nesse caso, toda pergunta e/ou resposta é válida, mesmo quando inadequada do ponto de vista convencional. Faz-se necessário, portanto, reconstituir o processo de produção da resposta do aluno, verificando como as informações dadas foram processadas. As dúvidas e equívocos revelam se os mecanismos de processamento operatório precisam ser modificados, a fim de produzir resultados satisfatórios. Em caso afirmativo, para promover mudanças em nível operatório, é preciso rever o conteúdo, a metodologia, o tipo de interação; enfim, o estilo didático particular inserido em um sistema pedagógico geral.

Nessa vertente, a proposta psicopedagógica vai à contramão de metodologias, técnicas e procedimentos de ensino predefinidos, com objetivos de homogeneizar os resultados. Ela não endossa expectativas preestabelecidas e nem ações instrumentalizadoras, uma vez que defende as estruturas da inteligência como um sistema aberto à pluralidade de combinações não previsíveis. Para Vinh-Bang, a intervenção "consiste em criar situações tais que o aluno é chamado a agir mentalmente, de uma maneira que seja estruturante, integrando suas ações num sistema de coordenação e de composição operatórias" (1990, p. 9).

Sendo assim, a intervenção na escola propôs situações desafiadoras, mediante o contato com o objeto de conhecimento. Esse desafio buscou provocar a criança, causando-lhe um estado de desequilíbrio; ao mesmo tempo, dava-lhe a segurança de que contava com o acompanhamento do mediador, o qual, por sua vez, contribuía para acionar os mecanismos de funcionamento da inteligência. Para que essa contribuição fosse efetiva, foi preciso que o mediador se liberasse das amarras da normatização e se tornasse um questionador, não aceitando a produção da criança em seu limite mínimo. Em um dos encontros semanais, após mostrar um trabalho, a professora da 1ª série comentou que estava desanimada, pois sabia que o aluno tinha condições de fazer melhor e que não o fez para terminar rápido e ficar brincando. Esse comentário foi muito propício naquele dia por desencadear uma discussão acerca do papel mediador do professor no processo de aprendizagem. Ao final, foi possível concluir que o melhor procedimento seria questionar o aluno, orientá-lo e solicitar que fizesse a atividade novamente. Somente assim, as ações intervencionistas seriam desenvolvidas no sentido de propiciar avanço, e teriam, portanto, um caráter projetivo, direcionado para a operatividade da inteligência e para a reconstrução do conhecimento historicamente socializado.

Isto posto, a proposta de ação foi organizada por eixos temáticos, por intermédio dos quais os conteúdos específicos de leitura e escrita foram sistematizados. Como a linguagem é um instrumento cultural inerente a todas as áreas e âmbitos de conhecimento, mediante o trabalho com a leitura e a escrita foi possível abordar outros conteúdos, além dos estritamente linguísticos. Para a organização temática dos conteúdos não houve uma programação por níveis de conhecimento, ou seja, todos os conteúdos foram trabalhados em diferentes níveis, adaptando as atividades desenvolvidas à aprendizagem, uma vez que a compreensão de cada aluno, conforme seu momento evolutivo e seu grau de habilidade no uso do sistema alfabético, era distinta. Sendo assim, as atividades educativas eram organizadas em função da formação do aluno, respeitando o seu desenvolvimento biopsicossocial, a sua competência linguística e suas capacidades cognoscitivas. Tais atividades eram realizadas por meio de procedimentos diversificados, construtivos e dialógicos. Era comum nas salas, portanto, a realização de atividades diferentes, por diferentes alunos, em grupos ou individualmente, todos empenhados em sua tarefa, tendo o professor como facilitador dos trabalhos e organizador das condições necessárias para se obter sucesso. Essa forma de organizar o trabalho descartava as atividades descontextualizadas, os exercícios mecânicos, a avaliação baseada somente no produto, as propostas desvinculadas das experiências dos alunos.

Em um dia de aula, o trabalho da professora começava antes da chegada das crianças: era preciso separar o material, organizar a sala, formando um grande círculo (nos casos de atividades coletivas) ou grupos e preparar o ambiente alfabetizador.[2] No decorrer do processo, quando os alunos já estavam mais familiarizados com a dinâmica da intervenção, eles passavam a ajudar na preparação do ambiente. Certo dia, na sala da 1ª série, a pesquisadora e a professora receberam as crianças para mais uma aula. Elas já estavam acostumadas com a presença da pesquisadora, que começou o trabalho contando uma história, após ter formado um grande círculo dos alunos sentados no chão. Ao término da história, eles retornaram para seus lugares e, então, foi solicitado que fizessem um desenho que ilustrasse a história que acabaram de ouvir (o desenho é também uma forma de interpretação e representação). Como não havia lápis de cor suficiente, o uso deveria ser coletivo. Em seguida os alunos apresentaram seus desenhos, explicando como representaram a história (trabalho com a linguagem oral). Em outro momento, foi solicitado que fizessem uma frase sobre o desenho, relacionando com a história. A tentativa de escrita foi mediada pela pesquisadora e a professora, que faziam os questionamentos pertinentes ao nível de conhecimento do aluno (Ex.: "Por que você usou essa letra?"; "Leia novamente essa palavra"; "Essa palavra tem a letra do seu nome?"). Para finalizar, era necessário confrontar as tentativas com a escrita convencional, registrada pelas mediadoras, fazer a cópia e a leitura da frase. Como a turma se dispersava com facilidade, em alguns momentos era preciso interrom-

---

2. Entende-se por ambiente alfabetizador a organização da sala de forma a favorecer a interação entre os alunos, entre estes e a professora e, ainda, a disponibilização de recursos didáticos pertinentes à aprendizagem (livros, revistas, cartazes, jogos, televisão, vídeo etc.).

per a atividade para retomar a disciplina. Por esse motivo, a professora raramente trabalhava com histórias e só se animava a fazê-lo quando a pesquisadora e/ou a pedagoga estava presente: assim, era mais fácil "manter a ordem". À medida que as crianças iam construindo o hábito de ouvir e prestar atenção, tornava-se mais fácil a contação de histórias e o trabalho com jogos que, pelo mesmo motivo, a princípio também era pouco utilizado. Posteriormente, a professora já conseguia explorar esses recursos e propor atividades mais interativas, sem a ajuda de outro profissional.

Mesmo sendo adaptadas de acordo com os níveis, as atividades tinham algumas características comuns: requeriam esforço de compreensão, pensamento autônomo, iniciativa, capacidade de análise, trabalho coletivo, clima de cooperação, interação etc. Cada uma delas era organizada graduando-se os diversos aspectos a serem trabalhados, buscando, assim, favorecer a compreensão e, também, motivar os alunos. Tendo em vista as características dos níveis de conhecimento, as tarefas eram propostas de acordo com o rendimento e o interesse dos educandos. Não se tentou, em instante nenhum, antecipar os resultados do processo de aprendizagem nas atividades de escrita. Não se buscou, assim, alcançar conceitos definidos a priori, pois as crianças os desenvolviam em níveis distintos, com certezas e dúvidas diferentes em cada momento de sua apreensão.

A unidade básica da intervenção na aprendizagem da leitura e da escrita era o texto. Isto significa que todos os conteúdos eram trabalhados a partir de textos concretos. Esse procedimento remete à seguinte questão: Por que trabalhar textos na alfabetização? Porque somente por meio do texto a aprendizagem da língua escrita adquire significado e sentido. Um texto contém as informações e oportunidades necessárias para o ensino e a aprendizagem da língua, dispondo dos elementos necessários para a reflexão da linguagem: noções gramaticais, ortográficas, léxicas, sintáticas etc. Sendo assim, a multiplicidade e diversidade de informações, fornecidas via diferentes portadores de texto, pode contribuir para o domínio dessa área do conhecimento. Aprender letra por letra, ou sílaba por sílaba, gera um contexto no qual a linguagem não faz sentido, uma vez que fragmenta a língua, destituindo-a de coerência e coesão. De acordo com Cagliari:

> Esse procedimento de lidar com a linguagem é sem dúvida uma das grandes causas da dificuldade que algumas crianças apresentam para se alfabetizar. O professor acha, às vezes, que está facilitando o trabalho do aluno quando na verdade o está complicando, a ponto de impedir a aprendizagem. (1998, p. 203)

Partir do texto não significou ficar somente nele, ou seja, trabalhou-se também as palavras, sílabas e letras. O que mudou foi o ponto de partida: iniciando do todo, com significado e sentido, buscava-se chegar às partes que o compunham: palavras, sílabas e letras. A psicogênese da língua escrita realiza-se na diversidade, mediante diferenciações, integrações e reconhecimento das restrições e regularidades combinatórias dos elementos constituintes do sistema linguístico. Do ponto de vista de Tolchinsky:

> Sabemos que a criança não aprende aditivamente. Isto é, não aprende primeiro as correspondências entre as categorias de sons e, em seguida, a sua combinação em palavras. Na realidade, todo o processo de aprendizagem ocorre através de uma constante interação entre o conhecimento dos elementos e dos compostos; entre o conhecimento de qualidades formais gerais; entre o conhecimento dos nomes de algumas letras, das combinações possíveis na língua, das correspondências entre letras e sons etc. (2002, p. 211-2)

Com base nesse princípio, a partir de textos que tinham significado para os alunos, foram trabalhados os seguintes eixos temáticos:

A) Linguagem oral e linguagem escrita

1. A estrutura da língua oral

2. A estrutura da língua escrita

3. As relações entre a linguagem oral e a linguagem escrita

B) Sistema alfabético

1. A identificação dos códigos do sistema alfabético
2. O processo de codificação e decodificação
3. As relações grafo-fonológicas

C) Leitura de diversos portadores de texto

1. O vocabulário de texto
2. A interpretação e a compreensão de textos
3. As diferentes modalidades de texto
4. Análise e discussão da estrutura linguística do texto

D) Produção escrita

1. A função social da escrita
2. A produção de textos de diferentes modalidades
3. A estruturação de um texto escrito — adequação, coerência e coesão
4. A ortografia das palavras

Esta forma de organizar os conteúdos não constituiu uma hierarquia: a partir de um determinado texto, era proposta uma situação de ensino e aprendizagem, podendo aparecer conteúdos referentes a vários eixos temáticos. Obviamente, não eram trabalhados todos os conteúdos num só texto e, sim, aqueles mais próximos de sua modalidade e, em especial, das necessidades dos alunos.

Em um dia, na sala de 2ª série, a pesquisadora e a professora dividiram a turma em cinco grupos. Cada um recebeu um cartaz com uma imagem, distinta dos outros grupos, porém relacionadas, pois correspondiam a uma história seriada. Os alunos tiveram tempo para observar e discutir a imagem no grupo que, posteriormente, deveria produzir uma frase sobre ela. A escrita era coletiva: cada grupo apresentava uma frase que, após correção das mediadoras (pesquisadora e professora), era registrada no quadro-negro por um aluno representante do grupo, que mostrava qual era a sua imagem e lia a sua frase. Os representantes eram convidados para ficar de pé, em frente da sala, mostrando os seus cartazes com as imagens. Os demais alunos deveriam ordená-los, segundo os acontecimentos dos fatos ilustrados. Nesse momento não havia uma ordem predefinida: a disposição das imagens ficava por conta da imaginação dos alunos. Após definição, os cartazes eram fixados na parede na ordem estabelecida. Era chegada a hora da produção escrita, com orientação das mediadoras. Buscava-se uma relação entre as imagens e as frases produzidas anteriormente, as quais formavam o texto, não obstante, fossem necessárias reformulações para favorecer a estruturação gramatical pertinente. O registro era feito pelas mediadoras no quadro negro, junto com os alunos que, em seguida, copiavam o texto no caderno. Este, por sua vez, podia ser retomado em outro momento para o trabalho de interpretação escrita e exploração dos conhecimentos linguísticos. Este tipo de produção de texto passou a ser muito trabalhado na 2ª série, pois os alunos se envolviam com grande interesse e a professora ficava satisfeita com os resultados obtidos, tanto que passou a sugerir a atividade para as outras salas.

A seguir, o registro das outras atividades desenvolvidas com os alunos no decorrer da intervenção, de acordo com o seu nível de conhecimento.

Atividades de intervenção psicopedagógica

Eixo Temático			
Linguagem oral e Linguagem escrita Sistema Alfabético			
Conteúdos	Nível recomendado	Atividades	Avaliação processual
A estrutura da língua escrita; O processo de codificação e decodificação.	I	O professor deve mostrar aos alunos que eles conseguem ler outros sistemas de escrita. Para tanto, pode explorar a relação entre significantes e significados através de pictogramas, como: placas de trânsito, indicações de toaletes, logotipos de marcas famosas, etiquetas. Solicitar aos alunos que criem um pictograma para expressar uma ideia. Fazer jogo de memória, quebra-cabeça e bingos com pictogramas.	Verificar a compreensão dos alunos na leitura e escrita com outros caracteres.

Eixo Temático			
Linguagem oral e Linguagem escrita			
Conteúdos	Nível recomendado	Atividades	Avaliação processual
A estrutura da língua oral.	Todos	1. Recitar, dramatizar, cantar, expor. 2. Elaborar oralmente os textos. 3. Preparar exposições orais.	Observar o desempenho dos alunos na articulação da língua oral.

Eixo Temático			
Linguagem oral e Linguagem escrita			
Conteúdos	Nível recomendado	Atividades	Avaliação processual
As relações entre a linguagem oral e a linguagem escrita.	Todos	1. Verbalizar textos escritos; 2. Ouvir textos lidos pelo professor ou pelo colega; 3. Reconstruir oralmente contos e narrações; 4. Elaboração oral de pré--texto, para ser escrito em seguida; Obs.: durante a realização das atividades, o professor deve chamar atenção sobre aquilo que é específico de cada estrutura de linguagem.	Verificar a capacidade de ouvir e atribuir significados, tendo em vista o texto original.

Eixo Temático			
Sistema Alfabético			
Conteúdos	Nível recomendado	Atividades	Avaliação processual
A identificação dos códigos do sistema alfabético; As relações grafo-fonológicas.	I	Possibilitar o acesso a diferentes portadores de texto, estabelecendo um momento livre de exploração e um momento dirigido. Na etapa do estudo dirigido, propor questionamentos e deixar a criança levantar suas hipóteses acerca das letras conhecidas, enfatizando os aspectos gráficos e fonológicos.	Verificar o nível de consciência fonológica da criança, entendida como o conhecimento disponível acerca das relações entre a grafia das letras e seu som correspondente.

Eixo Temático			
Sistema Alfabético			
Conteúdos	Nível recomendado	Atividades	Avaliação processual
A identificação dos códigos do sistema alfabético; O processo de codificação e decodificação.	I	Trabalhar com o nome próprio: a) tentativa da escrita, sem um modelo; b) autocorreção pelo confronto de sua produção com um crachá com seu nome; c) exploração da convenção de sequência das letras, suas grafias e sons (seriação); d) confrontar o crachá de seu nome com o nome de um colega, buscando as letras iguais (classificação); e) recorte e colagem das letras para formar o nome (identificação); f) completar o nome com as letras que faltam (análise); g) trabalho com músicas e poesias que exploram o nome (fixação); h) destacar a primeira sílaba do nome (identificação); i) verificar os nomes dos colegas, buscando as sílabas iniciais em comum (classificação); j) identificar e grafar outras palavras que tenham a sílaba inicial de seu nome (fixação).	A partir da tentativa dos alunos, analisar suas produções, orientando-os na superação dos conflitos gráficos e fonológicos, e ajudando-os a progredir na aprendizagem da escrita do nome.

Eixo Temático			
Sistema Alfabético			
Conteúdos	Nível recomendado	Atividades	Avaliação processual
A identificação dos códigos do sistema alfabético; O processo de codificação e decodificação.	II	Trabalhar com o nome próprio: a) tentativa da escrita, sem modelo; b) autocorreção pelo confronto de sua produção com um crachá com seu nome; c) exploração da convenção de sequência das letras e sílabas, suas grafias e sons; d) confrontar o crachá de seu nome com o nome de um colega, buscando as letras e sílabas iguais; e) recorte e colagem das letras para formar o nome; f) completar o nome com as letras e/ou sílabas que faltam; g) trabalho com músicas que exploram o nome; h) destacar sílabas do nome; i) verificar os nomes dos colegas, buscando as sílabas em comum; j) identificar e grafar outras palavras que tenham as sílabas de seu nome.	A partir da tentativa dos alunos, analisar suas produções, orientando-os na superação dos conflitos gráficos e fonológicos, e ajudando-os a progredir na aprendizagem da escrita do nome.

Eixo Temático			
Sistema Alfabético			
Conteúdos	**Nível recomendado**	**Atividades**	**Avaliação processual**
A identificação dos códigos do sistema alfabético; O processo de codificação e decodificação.	III	Trabalhar com o nome próprio: a) tentativa de escrita do nome completo, sem um modelo; b) autocorreção pelo confronto de sua produção com um crachá contendo seu nome completo; c) exploração da convenção de sequência das letras e sílabas, suas grafias e sons; d) confrontar o crachá de seu nome com o nome de um colega, buscando as letras e sílabas iguais; e) recorte e colagem das letras para formar o nome completo; f) completar o nome com as letras e/ou sílabas que faltam; g) trabalho com músicas que exploram o nome; h) destacar sílabas do nome e do sobrenome; i) verificar os nomes e sobrenomes dos colegas, buscando as sílabas em comum; j) identificar e grafar outras palavras que tenham as sílabas de seu nome e sobrenome.	A partir da tentativa dos alunos, analisar suas produções, orientando-os na superação dos conflitos gráficos e fonológicos, e ajudando-os a progredir na aprendizagem da escrita do nome completo.

Eixo Temático			
Sistema Alfabético			
Conteúdos	**Nível recomendado**	**Atividades**	**Avaliação processual**
A identificação dos códigos do sistema alfabético; As relações grafo-fonológicas.	I e II	1. Realizar atividades gráficas diversas: a) ligar figuras que tenham o mesmo som inicial; b) ligar palavras que tenham o mesmo som inicial; c) ligar figuras ao seu nome correspondente. 2. Classificar fichas de palavras com imagem, agrupando-as conforme: a) o número de sílabas; b) o som inicial da palavra; c) a letra inicial da palavra. 3. Jogar dominó de palavras, emparelhando nomes que tenham o mesmo som inicial. Durante o jogo, o professor deve incentivar a leitura de todos os nomes. 4. Jogar bingo: a criança recebe uma cartela com seis figuras para marcar aquela que tem o som inicial da palavra sorteada pelo professor. Para variar o jogo, utilizando a mesma cartela, o professor pode sortear os nomes das figuras. Ou, ainda, é possível fazer uma cartela com os nomes e sortear as figuras. 5. Jogar bingo com as letras do alfabeto.	Verificar a construção da consciência grafo-fonológica, analisando as tentativas e hipóteses das crianças. A professora pode pedir para justificar as opções.

PROBLEMA DE APRENDIZAGEM NA ALFABETIZAÇÃO ...

Eixo Temático			
Sistema Alfabético Leitura			
Conteúdos	**Nível recomendado**	**Atividades**	**Avaliação processual**
A identificação dos códigos do sistema alfabético; O processo de codificação e decodificação; As relações grafo-fonológicas; O vocabulário de texto. A interpretação e compreensão do texto.	I e II	Fazer a leitura e interpretação oral de uma história: cada criança deve receber o texto em folha separada. Explorar o vocabulário e a seguir destacar três palavras e solicitar à criança que identifique: a) o número de letras; b) o número de sílabas; c) o som inicial das palavras; d) outras palavras que comecem com o mesmo som.	Propor leitura de palavras para verificar a aprendizagem.

Eixo Temático			
Sistema Alfabético Leitura			
Conteúdos	**Nível recomendado**	**Atividades**	**Avaliação processual**
A identificação dos códigos do sistema alfabético; O processo de codificação e decodificação; As relações grafo-fonológicas; O vocabulário de texto; A interpretação e compreensão do texto.	III	Fazer a leitura e interpretação oral de uma história: cada criança deve receber o texto em folha separada. Explorar o vocabulário e a seguir destacar cinco palavras e solicitar à criança que identifique: a) o número de sílabas; b) o som inicial das palavras; c) outras palavras que comecem com o mesmo som; d) produção de frases com as palavras trabalhadas.	Fazer ditado e leitura de palavras para verificar a aprendizagem.

Eixo Temático			
Linguagem oral e Linguagem escrita Sistema Alfabético Leitura			
Conteúdos	Nível recomendado	Atividades	Avaliação processual
A estrutura da língua oral; A estrutura da língua escrita; As relações entre a linguagem oral e a linguagem escrita; As relações grafo-fonológicas; A interpretação e compreensão do texto; As diferentes modalidades de texto.	I	Trabalhar com poesia: escolher uma que seja do interesse das crianças, reproduzi-la e entregar uma cópia às crianças. Fazer a leitura, marcando cada palavra lida. Discutir oralmente a poesia. Solicitar que os alunos marquem as palavras, onde elas começam e onde terminam. O objetivo é explorar a segmentação das palavras nas frases. Como exercício de fixação, pode-se completar o texto com algumas palavras que faltam. Fazer uma interpretação escrita da poesia com, no máximo, três questões. As respostas devem ser discutidas oralmente e, em seguida, tentar escrever a resposta, a qual será corrigida posteriormente, chamando a atenção dos alunos para os aspectos gráfico-fonológicos das palavras. Pode ser proposto um quebra-cabeça com a poesia. Para tanto, ela deve ser recortada em frases, para que os alunos as coloquem em sequência.	O professor deve analisar a conduta dos alunos e descobrir suas hipóteses de leitura e escrita, orientando-os quanto ao procedimento convencional. Não se trata apenas de mostrar o certo e pedir para a criança repetir, mas sim de oferecer-lhe uma explicação quanto ao funcionamento da linguagem.

		Ainda explorando a poesia, o professor pode destacar uma palavra, trabalhar as letras e sílabas que compõem a palavra (recorte e colagem no caderno), buscar outras palavras com as sílabas trabalhadas (jogo) e fazer o registro da palavra-chave no quadro de sílabas.	

Eixo Temático			
Linguagem oral e Linguagem escrita Sistema Alfabético Leitura			
Conteúdos	**Nível recomendado**	**Atividades**	**Avaliação processual**
A estrutura da língua oral; A estrutura da língua escrita; As relações entre a linguagem oral e a linguagem escrita; As relações grafo-fonológicas; A interpretação e compreensão do texto; As diferentes modalidades de texto.	II	Trabalhar com poesia: escolher uma que seja do interesse das crianças, reproduzi-la, e entregar uma cópia, fazendo a leitura e destacando cada palavra lida. Discutir oralmente a poesia, ampliando as possibilidades de leitura. Solicitar que os alunos identifiquem palavras conhecidas. O objetivo é fixar o conhecimento de palavras nas frases. Como variação, pode ser feito um exercício para completar o texto com algumas palavras que faltam. Fazer uma interpretação escrita da poesia,	O professor deve analisar a conduta dos alunos e descobrir suas hipóteses de leitura e escrita, orientando-os quanto ao procedimento convencional. Não se trata apenas de mostrar o certo e pedir para a criança repetir, mas, sim, de lhe oferecer uma explicação quanto ao funcionamento da linguagem.

		discutindo oralmente as respostas. Em seguida tenta-se escrever as respostas. Durante a correção, deve-se chamar a atenção dos alunos para os aspectos gráfico-fonológicos das palavras, ou seja, as relações entre as grafias das letras e sons correspondentes. Pode ser proposto um quebra-cabeça com a poesia, a qual será recortada em frases e/ou em palavras, para que os alunos as coloquem em sequência. Ainda, explorando a poesia, o professor destaca duas palavras, trabalha as letras e sílabas (recorte e colagem no caderno), busca outras palavras com as sílabas trabalhadas (jogo) e faz o registro das palavras-chave no quadro de sílabas.	

Eixo Temático			
Linguagem oral e Linguagem escrita Sistema Alfabético Leitura			
Conteúdos	**Nível recomendado**	**Atividades**	**Avaliação processual**
A estrutura da língua oral; A estrutura da língua escrita;	III	Trabalhar com poesia: escolher uma que seja do interesse das crianças, reproduzi-la e entregar uma	Em dupla, os alunos devem construir frases com as palavras descober-

PROBLEMA DE APRENDIZAGEM NA ALFABETIZAÇÃO ...

As relações entre a linguagem oral e a linguagem escrita; As relações grafo-fonológicas; A interpretação e compreensão do texto; As diferentes modalidades de texto.

cópia, fazendo a leitura e destacando cada palavra lida. Discutir oralmente a poesia, ampliando as possibilidades de leitura. Solicitar que os alunos identifiquem palavras conhecidas e destaque uma desconhecida, a qual será lida no grupo e comentada, conforme seu aspecto semântico e sintático. O objetivo é fixar o conhecimento de palavras nas frases, ampliando o vocabulário. Fazer uma interpretação escrita da poesia, discutindo oralmente as respostas para em seguida fazer a tentativa de escrita. Durante a correção deve-se chamar a atenção dos alunos para os aspectos gráfico-fonológicos das palavras. Pode ser proposto um quebra-cabeça com a poesia. Para tanto ela deve ser recortada em palavras, para que os alunos as coloquem em sequência. Ainda, explorando a poesia, o professor destaca um conjunto de palavras, trabalha as sílabas, busca outras palavras com as sílabas trabalhadas (jogo), forma novas palavras a partir da combinação silábica possível, de acordo com as palavras trabalhadas.

tas, enquanto o professor observa seus procedimentos e suas hipóteses, para mediar conforme a necessidade.

Eixo Temático			
Linguagem oral e Linguagem escrita Sistema Alfabético Leitura			
Conteúdos	Nível recomendado	Atividades	Avaliação processual
As relações entre a linguagem oral e a linguagem escrita; O processo de codificação e decodificação; As relações grafo-fonológicas; A ortografia das palavras.	I e II	Escrever palavras com letras móveis: dividir a turma em grupos e solicitar que escrevam as palavras ditadas pela professora, utilizando o estojo de letras. Cada grupo deve ter o tempo necessário para discutir entre si como escrever a palavra. A correção é feita nos grupos, explicando, se for necessário, a forma convencional da palavra. Obs.: Colocar nos grupos crianças do nível I e do nível II juntas para que elas possam interagir, trocar pontos de vista e socializar suas hipóteses, favorecendo, assim, a aprendizagem.	Solicitar ao grupo que leia e justifique sua produção, verificando suas hipóteses sobre a escrita de palavras.

Eixo Temático

Linguagem oral e Linguagem escrita
Sistema Alfabético
Leitura

Conteúdos	Nível recomendado	Atividades	Avaliação processual
As relações entre a linguagem oral e a linguagem escrita; O processo de codificação e decodificação; As relações grafo-fonológicas; A estruturação de um texto escrito; A ortografia das palavras.	III	Escrever frases com letras móveis: dividir a turma e solicitar que escrevam as frases ditadas pela professora ou que produzam a partir de gravuras, utilizando o estojo de letras. Cada grupo deve ter o tempo necessário para discutir entre si como escrever a frase. A correção é feita nos grupos, explicando, se for necessário, a forma convencional.	Solicitar ao grupo que leia e justifique sua produção, verificando suas hipóteses sobre a escrita de frases.

Eixo Temático

Linguagem oral e Linguagem escrita
Sistema Alfabético
Produção escrita
Leitura

Conteúdos	Nível recomendado	Atividades	Avaliação processual
A estrutura da língua escrita; As relações grafo-fonológicas; Análise e discussão sobre a estrutura linguística do texto; Ortografia das palavras.	III	Reconstruir frases fragmentadas e desordenadas: cada aluno (ou grupo) recebe um envelope contendo uma figura e uma frase recortada relacionada a figura. Ele deverá reconstruir a frase, fazer a leitura para sala e copiá-la no caderno. As frases devem ser distintas para possibilitar o rodízio entre os alunos ou grupos.	Observar os critérios e hipóteses dos alunos durante as tentativas de reconstrução da frase.

Eixo Temático			
Sistema Alfabético			
Conteúdos	Nível recomendado	Atividades	Avaliação processual
A identificação dos códigos do sistema alfabético; O processo de codificação e decodificação; As relações grafo-fonológicas.	I	1. Colocar um cartaz com o alfabeto de imprensa maiúscula; 2. Fazer a leitura, enfatizando o som das letras em diferentes contextos: nomes dos alunos, objetos da sala etc.; 3. Escrever junto com os alunos lista de palavras para mostrar o funcionamento das letras, as relações entre os caracteres gráficos e os sons.	Tentar escrever palavras, individual e/ou de dupla, justificando a opção por determinadas letras.

Eixo Temático			
Sistema Alfabético			
Conteúdos	Nível recomendado	Atividades	Avaliação processual
A identificação dos códigos do sistema alfabético; O processo de codificação e decodificação; As relações grafo-fonológicas.	II	1. Colocar um cartaz com o alfabeto de imprensa: maiúscula e minúscula; 2. Explicar a diferença entre os dois conjuntos de caracteres; 3. Fazer a leitura enfatizando o som das letras em diferentes contextos: nomes dos alunos, objetos da sala etc.; 4. Escrever, junto com os alunos, lista de palavras para mostrar o funciona-	Tentar escrever palavras, individual e/ou de dupla, justificando a opção por determinadas letras.

mento das letras, maiúsculas e minúsculas, bem como as relações entre os caracteres gráficos e os sons. Pode-se fazer um levantamento das letras que são usadas para representar um mesmo som;

5. Jogar o jogo da descoberta: a professora escreve no quadro uma letra que seja inicial do nome de várias crianças e pede aos alunos que identifiquem de quem pode ser. Em seguida, acrescenta outras letras, até formar o nome de um aluno, o qual deve ser identificado pelas crianças. O mesmo jogo pode ser feito com outras palavras.

Eixo Temático			
Sistema Alfabético			
Conteúdos	Nível recomendado	Atividades	Avaliação processual
A identificação dos códigos do sistema alfabético; O processo de codificação e decodificação; As relações grafo-fonológicas.	II	Propor atividade de transliteração (passagem de um tipo de letra para outro): entregar, aos alunos, um texto curto, escrito em letra de imprensa. Fazer a leitura e a discussão do texto. Solicitar sua reprodução com a letra cursiva.	Promover uma discussão com os alunos sobre o processo de realização da atividade, analisando os "erros" e as dificuldades encontradas.

Eixo Temático			
Linguagem oral e Linguagem escrita Sistema Alfabético Leitura Produção escrita			
Conteúdos	**Nível recomendado**	**Atividades**	**Avaliação processual**
As relações entre a linguagem oral e a linguagem escrita; As relações grafo--fonológicas; O vocabulário do texto; A interpretação e compreensão do texto; A ortografia das palavras; A estruturação de um texto escrito.	III	1. Propor a leitura de textos memorizados ou conhecidos *a priori*: a partir do texto (poesia, música, trava-língua, parlenda), apresentar um cartaz com a escrita do mesmo; 2. Fazer uma leitura coletiva destacando cada palavra lida; 3. Solicitar aos alunos que identifiquem determinadas palavras. O professor deve enfatizar a escrita, a leitura e o significado das palavras destacadas; 4. Discutir a estrutura e o significado do texto; 5. Solicitar a reescrita do texto, sem o modelo, com base no conhecimento do texto original.	1. Solicitar aos alunos que expliquem o que entenderam do texto; 2. Solicitar que justifiquem a grafia de determinadas palavras.

Eixo Temático			
Produção escrita			
Conteúdos	Nível recomendado	Atividades	Avaliação processual
A função social da escrita; A produção de textos de diferentes modalidades; A estruturação de um texto escrito; A ortografia das palavras.	III	1. Propor atividades a serem desenvolvidas individualmente ou em grupo: produção de história a partir de imagens sequenciais; 2. Escrever notícias, considerando as características típicas de uma notícia jornalística; 3. Escrever anúncios (propaganda, propaganda maluca), utilizando recursos expressivos próprios dessa modalidade de texto; 4. Escrever textos expositivos sobre um tema trabalhado em sala; 5. Reescrita, em dupla, de uma história lida ou contada pela professora. A dupla deve ser formada por alunos com níveis distintos de compreensão para que haja conflitos e avanços. Obs.: É importante que o mediador discuta antes com os alunos sobre o tema do texto a ser produzido. Trata-se de elaborar um pré-texto, que dará elementos para a produção do aluno.	Solicitar uma produção de texto individual: os alunos escolhem a modalidade que irão produzir.

Eixo Temático			
Sistema Alfabético Produção escrita			
Conteúdos	Nível recomendado	Atividades	Avaliação processual
O processo de codificação e decodificação; As relações grafo-fonológicas; A ortografia das palavras.	II	Fazer ditado de palavra de um aluno a outro (s): cada um deve ditar uma palavra que sabe escrever para, posteriormente, fazer a correção da produção dos demais, apresentando as explicações necessárias.	O professor deve observar, interferindo somente quando for necessário. É importante que os alunos tenham autonomia para discutir suas hipóteses, relacionadas aos aspectos convencionais da escrita.

Eixo Temático			
Sistema Alfabético Produção escrita			
Conteúdos	Nível recomendado	Atividades	Avaliação processual
O processo de codificação e decodificação; As relações grafo-fonológicas; A estruturação de um texto escrito; A ortografia das palavras.	III	Fazer ditado de frases de um aluno a outro (s): cada um deve ditar uma frase que saiba escrever para, posteriormente, fazer a correção da produção dos demais, apresentando as explicações necessárias.	O professor deve observar, interferindo somente quando for necessário. É importante que os alunos tenham autonomia para discutir suas hipóteses, relacionadas aos aspectos convencionais da escrita.

Eixo Temático			
Linguagem oral e Linguagem escrita Leitura Produção escrita			
Conteúdos	Nível recomendado	Atividades	Avaliação processual
A estrutura da língua escrita; As diferentes modalidades de texto; Análise e discussão sobre a estrutura linguística do texto; A produção de textos de diferentes modalidades; A estruturação de um texto escrito.	III	Trabalhar folhetos de propaganda: a) fazer a leitura do folheto abordando o estilo de texto; b) solicitar a produção escrita de propagandas a partir de recortes de revista e folhetos; c) fazer a "propaganda maluca" — anúncio das características negativas do produto.	Fazer análise e correção paralela à produção das crianças.

Eixo Temático			
Linguagem oral e Linguagem escrita Sistema Alfabético Leitura Produção escrita			
Conteúdos	Nível recomendado	Atividades	Avaliação processual
A estrutura da língua escrita; As relações grafo-fonológicas; Leituras diversas; Ortografia de palavras.	Todos	Propor jogos de percurso: Em uma folha de cartolina, traçar um percurso e dividi-lo em "casas", através de um traço, enumerando-as. Em algumas casas há um comando, correspondente ao con-	Observar o desempenho dos alunos durante o jogo, suas dúvidas e conflitos, os quais revelam sobre suas hipóteses acerca da língua escrita.

| | | teúdo a ser trabalhado através do jogo, que é desenvolvido por duplas ou trios. Cada participante inicia jogando o dado. Sua trajetória, no percurso, depende do número do dado: por exemplo, se saiu o três, ele deve avançar três casas, depositando, na última, o seu tento ou marcador; se na casa houver um comando, ele deve segui-lo; por exemplo: a) avance o dobro; b) resolva uma operação X; c) escreva uma palavra; d) retorne três casas etc. Caso não consiga executar o comando, o participante começa o jogo novamente, na primeira casa. Ganha o jogo o participante que terminar primeiro o percurso. | |

Eixo Temático			
Sistema Alfabético Leitura			
Conteúdos	**Nível recomendado**	**Atividades**	**Avaliação processual**
O processo de codificação e decodificação; As relações grafo-fonológicas; As diferentes modalidades de texto.	Todos	Propor "caça-palavras": cada aluno recebe uma folha de papel e lápis e sai para o pátio da escola com a tarefa de escrever duas palavras encontradas em algum lugar da	Observar as análises dos alunos durante as tentativas de leitura das palavras.

		escola, sendo uma conhecida e outra desconhecida. Quando os alunos voltarem para a sala, o professor solicitará a cada um que escreva no quadro a palavra conhecida, fazendo a leitura dela. Repetir o mesmo procedimento para a palavra desconhecida, a qual deve ser lida pela turma e/ou pelo professor. Todas as palavras devem ser registradas nos cadernos dos alunos.	

Eixo Temático			
Linguagem oral e Linguagem escrita Sistema Alfabético Leitura Produção escrita			
Conteúdos	**Nível recomendado**	**Atividades**	**Avaliação processual**
A estrutura da língua escrita; As relações entre a linguagem oral e a linguagem escrita; O processo de codificação e decodificação; As relações grafo-fonológicas; As diferentes modalidades de texto;	Todos	Elaborar cartazes para divulgação de eventos da escola, para abordagem de alguma temática específica, para sistematização do estudo de um tema emergente, para datas comemorativas, para os aniversariantes do mês, ou, ainda, para organização de um mural temático. Procedimento: Os cartazes devem conter imagem e escrita, produzida pelos	Observar a compreensão dos alunos na produção dos cartazes.

Análise e discussão sobre a estrutura linguística do texto; A função social da escrita; A produção de textos de diferentes modalidades; A estruturação de um texto escrito; A ortografia das palavras.	alunos, conforme os seus níveis. O texto escrito pode ser feito no rascunho e, após correção do professor, ser transcrito pelos alunos. O professor deve explicar a função comunicativa do cartaz, suas características específicas para que seja compreendido pelo destinatário. Obs.: No caso de eventos a serem realizados na escola, o professor pode trabalhar a produção de convites.	

Eixo Temático			
Linguagem oral e Linguagem escrita Sistema Alfabético Leitura Produção escrita			
Conteúdos	Nível recomendado	Atividades	Avaliação processual
A estrutura da língua escrita; O processo de codificação e decodificação; As relações grafo-fonológicas; Análise e discussão sobre a estrutura linguística do texto; A produção de textos de diferentes modalidades; A ortografia das palavras.	Todos	Escrever um calendário: utilizar o registro da data para escrever o nome da localidade, dos dias da semana e dos meses.	Verificar se os alunos identificam os dias da semana, localizam o dia na folha mensal do calendário, compreendem a função e características do calendário.

Eixo Temático			
Linguagem oral e Linguagem escrita Sistema Alfabético Leitura Produção escrita			
Conteúdos	**Nível recomendado**	**Atividades**	**Avaliação processual**
A estrutura da língua escrita; As relações entre a linguagem oral e a linguagem escrita; O processo de codificação e decodificação; As relações grafo-fonológicas; As diferentes modalidades de texto; Análise e discussão sobre a estrutura linguística do texto; A função social da escrita; A produção de textos de diferentes modalidades; A estruturação de um texto escrito; A ortografia das palavras.	Todos	Produzir jornais como meio de informação de fatos do cotidiano e de eventos da escola: a) fazer a leitura de um jornal explorando as características específicas deste portador de texto, assim como sua função social. Analisar o seu formato, tipografia, diagramação, ilustração (relação imagem e texto), como são organizadas as seções; b) propor a confecção de um jornal para informar sobre um fato cotidiano e/ou para divulgar um evento ocorrido na escola — festa das mães, festa junina, semana da criança, outros; c) planejar com os alunos a ilustração (desenhos, fotografias), os textos (rascunhados pelos alunos, corrigidos pelo professor e transcritos pelos alunos) a reprodução e a distribuição.	Verificar a habilidade dos alunos na produção dos textos jornalísticos, considerando seu nível de conceitualização da leitura e da escrita.

Eixo Temático			
Linguagem oral e Linguagem escrita Sistema Alfabético Leitura Produção escrita			
Conteúdos	**Nível recomendado**	**Atividades**	**Avaliação processual**
A estrutura da língua escrita; O processo de codificação e decodificação; As relações grafo-fonológicas; O vocabulário do texto; A interpretação e compreensão de textos; A estruturação de um texto escrito; A ortografia das palavras.	Todos	Propor a tentativa de leitura a partir de imagem: entregar para os alunos fichas com imagens e fichas com escrita de palavras (nível I e II) e escrita de frases (nível III). Os alunos devem relacionar a escrita com a imagem correspondente, fazer a leitura e copiar no caderno. Obs.: As fichas de escrita podem ser de definições para serem associadas a imagem correspondente. Uma variante desta atividade é solicitar que os alunos (níveis I e II) façam uma classificação das fichas por categorias de palavras, exemplo: classe de objetos, classe de animais, classe de alimentos etc.	Analisar o procedimento de leitura dos alunos, as relações estabelecidas entre a escrita e a imagem.

Eixo Temático			
Linguagem oral e Linguagem escrita Sistema Alfabético Leitura Produção escrita			
Conteúdos	**Nível recomendado**	**Atividades**	**Avaliação processual**
A estrutura da língua escrita; As relações entre a linguagem oral e a linguagem escrita; O processo de codificação e decodificação; As relações grafo-fonológicas; A interpretação e compreensão de textos; As diferentes modalidades de texto; Análise e discussão sobre a estrutura linguística do texto; A função social da escrita; A produção de textos de diferentes modalidades; A estrutura de um texto escrito.	III	Trocar correspondências entre as salas: combinar com a professora da outra sala, a elaboração de correspondências entre os alunos. O assunto das cartas e/ou bilhetes são definidos por eles. Após a troca, no segundo momento, é realizado um encontro das turmas para leitura coletiva das correspondências e identificação do remetente.	Fazer um levantamento e trabalhar as dificuldades mais comuns para produção das correspondências.

Eixo Temático			
Linguagem oral e Linguagem escrita Sistema Alfabético Produção escrita			
Conteúdos	**Nível recomendado**	**Atividades**	**Avaliação processual**
A estrutura da língua oral; A estrutura da língua escrita; As relações entre a linguagem oral e a linguagem escrita; O processo de codificação e decodificação; As relações grafo-fonológicas; A estruturação de um texto escrito; A ortografia das palavras.	Todos	Trabalhar histórias seriadas: apresentar aos alunos três imagens relacionadas entre si. Solicitar que produzam uma história oral, estabelecendo uma sequência para as imagens (todos os níveis). Em seguida os alunos devem reproduzir a história oral na língua escrita (níveis I e II). Para as crianças do nível I, o professor pode solicitar a tentativa de escrita de algumas palavras-chave, utilizando o alfabeto móvel.	Observar a expressão oral e escrita para sequenciação das imagens, bem como a capacidade de justificar a sequência estabelecida.

Eixo Temático

Linguagem oral e Linguagem escrita
Sistema Alfabético
Produção escrita

Conteúdos	Nível recomendado	Atividades	Avaliação processual
As relações entre a linguagem oral e a linguagem escrita; Os processos de codificação e decodificação; As relações grafo-fonológicas; A estruturação de um texto escrito; A ortografia das palavras.	Todos	Propor a produção de texto, individual ou coletiva, a partir de gravuras, com roteiro dirigido. Expor uma gravura e fazer uma discussão sobre ela. Em seguida propor uma produção de texto seguindo um roteiro prévio, o qual consiste de questões sobre a gravura. Por exemplo: O que é? Como é? Para que serve? O registro escrito pode ser feito pelo professor (crianças do nível I), ou pelos alunos (níveis II e III). Após a tentativa dos alunos, o professor faz a correção do texto, o qual é transcrito pelos alunos.	Verificar os tipos de definições apresentadas pelos alunos, suas capacidades para estabelecer uma sequência lógica para o texto, baseando-se no roteiro e critérios previamente combinados.

Eixo Temático			
Linguagem oral e Linguagem escrita Sistema Alfabético Produção escrita			
Conteúdos	**Nível recomendado**	**Atividades**	**Avaliação processual**
As relações entre a linguagem oral e a linguagem escrita; As relações grafo-fonológicas; A produção de textos de diferentes modalidades; A estruturação de um texto escrito; A ortografia das palavras.	Todos	Fazer aula passeio: combinar com os alunos um passeio nas proximidades da escola. Solicitar que observem o bairro, suas características, tentando perceber algo nunca observado antes. Combinar as regras de conduta. Ao retornar, fazer uma rodinha para discutir os aspectos observados: o que mais gostaram, e as novidades. Solicitar que façam um registro do passeio. Para as crianças do nível I, solicitar um desenho, seguido do nome correspondente (etiquetagem). Para as crianças do nível II, solicitar um desenho sobre o passeio, seguido de uma frase escrita. Para as crianças do nível III, solicitar uma produção de texto ilustrada. Explicar as possibilidades de gêneros: relatos, resenhas. Os alunos devem ser orientados quanto às características desses tipos de texto, lembrando que a sequência de fatos marca a diferença entre uma resenha e um relato.	Verificar os procedimentos das crianças para organização e localização temporal dos fatos, assim como as dúvidas mais comuns para a produção escrita.

Eixo Temático
Sistema Alfabético Produção escrita

Conteúdos	Nível recomendado	Atividades	Avaliação processual
O processo de codificação e decodificação; As relações grafo-fonológicas; A produção de textos de diferentes modalidades; A estruturação de um texto escrito; A ortografia das palavras.	Todos	Registrar o processo de germinação e crescimento de uma planta: trazer sementes e um recipiente com terra devidamente preparada. Plantar as sementes junto com os alunos explicando os procedimentos e cuidados necessários. Fazer um cartaz para o registro das observações. Os alunos deverão registrar a experiência periodicamente, por meio de desenho e escrita, cuja produção será coerente ao seu nível de desenvolvimento.	Analisar os procedimentos de escrita: coerência do conteúdo, a coesão gramatical, correção ortográfica. É importante respeitar o pensamento infantil, sem exigir uma forma única de expressão e descrição da experiência.

Eixo Temático			
Linguagem oral e Linguagem escrita Leitura Produção escrita			
Conteúdos	**Nível recomendado**	**Atividades**	**Avaliação processual**
As relações entre a linguagem oral e a linguagem escrita; O vocabulário de texto Interpretação e compreensão de texto; A estruturação de um texto escrito; A ortografia das palavras.	III	Completar lacunas de um texto, utilizando palavras indicadas pelo professor. a) discutir oralmente sobre um determinado tema; b) apresentar um texto sobre o mesmo tema, explicando que existem algumas lacunas que devem ser preenchidas com as palavras indicadas; c) sugerir uma relação de palavras e solicitar aos alunos que terminem o texto.	Discutir com os alunos a pertinência das respostas, analisando seus argumentos.

Eixo Temático			
Sistema alfabético Produção escrita			
Conteúdos	**Nível recomendado**	**Atividades**	**Avaliação processual**
A identificação dos códigos do sistema alfabético; O processo de codificação e decodificação; As relações grafo-fonológicas; A função social da escrita; A ortografia das palavras.	Todos	Propor produção de escrita: a) elaborar uma lista de ingredientes para uma receita de bolo. Os alunos devem pensar sobre os ingredientes necessários para fazer um bolo e escrevê-los. A ilustração é opcional; b) elaborar uma lista dos utensílios necessários para fazer o bolo. Da mesma forma, a ilustração é opcional; c) elaborar uma lista de situações que justifiquem o feitio do bolo; d) após as tentativas de escrita, que podem ser individuais, em dupla ou grupo, o professor faz a correção, ressaltando as letras, as sílabas e a ortografia das palavras. Obs.: Para as crianças do nível III pode ser solicitada uma produção de texto sobre o bolo.	Analisar os critérios que os alunos utilizam em relação ao sistema alfabético de escrita.

Eixo Temático			
Linguagem oral e Linguagem escrita Leitura			
Conteúdos	**Nível recomendado**	**Atividades**	**Avaliação processual**
As relações entre a linguagem oral e a linguagem escrita; O vocabulário de texto; A interpretação e compreensão de textos; Análise e discussão sobre a estrutura linguística do texto.	III	Propor leitura e contação de histórias para os alunos da 1ª série, realizada pelos alunos da 2ª série. Estes escolhem a história, fazem a leitura e a interpretação. Posteriormente são convidados para fazer a leitura e/ou contar a história para os alunos da 1ª série.	Verificar o desempenho dos alunos ao lerem ou contarem a história. Anotar suas dificuldades para trabalho posterior. O professor pode fazer interferências paralelas, orientando tanto o leitor como os ouvintes, conforme suas necessidades.

As atividades acima foram desenvolvidas com os alunos durante o período letivo de 2003 em diferentes situações: individuais e em grupos, na sala de aula, na biblioteca, na sala da pedagoga. No decorrer do processo, os alunos foram familiarizando-se com a dinâmica do projeto e aceitavam bem as propostas, tanto as individuais como as em grupo. Demonstravam grande satisfação em delas participar. Os procedimentos foram os mais diversificados: às vezes, eram reunidos alunos do mesmo nível, mas de salas diferentes. Em outros momentos, alunos da mesma sala, mas de níveis diferentes, para favorecer a troca entre pares, o que implicava uma criança servir de mediadora para outra.

Algumas vezes, a pesquisadora e as professoras da 1ª e da 2ª séries, separavam todos os alunos do projeto por nível: a professora da 1ª série ficava com todos os alunos do nível I, a pesquisadora com todos do nível II e a professora da 2ª série com todos do nível III. Cada uma trabalhava em uma sala, desenvolvendo atividades para aquele nível específico. Era combinado, anteriormente, que os aspectos relevantes deveriam ser observados e registrados para serem discutidos nos encontros semanais. Esse procedimento era muito rico uma vez que favorecia a interação entre alunos que não eram da mesma sala, assim como a interação desses com outros professores. Durante as discussões posteriores, tornava-se possível novas considerações acerca dos casos, o que contribuía para a elaboração e emprego de novos procedimentos.

A avaliação processual sugerida para cada atividade possibilitava acompanhar o desenvolvimento dos alunos, a pertinência das propostas e, ainda, embasar as reestruturações necessárias. Por meio de registros das avaliações processuais, durante as reuniões semanais de estudo, os casos dos alunos eram discutidos pela pesquisadora, pedagoga e professoras. Esse tipo de avaliação, contínuo e descritivo, revelava, em diferentes momentos e circunstâncias, quais eram os conhecimentos disponíveis, ou ainda, as estruturas mentais que poderiam embasar novas aquisições, em conformidade com os objetivos almejados. Sendo assim, a avaliação tinha significados diferentes para cada aluno, tendo em vista que o desenvolvimento nunca é igual para todos. Não é porque a professora ensinava algo que todos os alunos aprendiam do mesmo jeito e ao mesmo tempo; por isso era importante observá-los em situações distintas e propor atividades diversificadas, buscando, assim, não mascarar suas individualidades.

Para um melhor acompanhamento do aluno, ao final do primeiro semestre letivo de 2003, foi realizado o segundo diagnóstico — processual —, para conhecer o desenvolvimento, os avanços nos níveis de conhecimento e, consequentemente, a eficácia da intervenção. Para tanto, foram propostas as mesmas atividades do diagnóstico inicial. Os comportamentos discentes diante das propostas — suas dúvidas, seus questionamentos e formas de resolução das atividades — permitiram levantar hipóteses sobre como os alunos estavam aprendendo, sugerindo novos encaminhamentos. Os resultados do diagnóstico processual, analisado junto com as professoras e com a pedagoga, indicaram, ainda, uma alteração na distribuição dos alunos nos níveis de conhecimento, marcando uma evolução processual. Dos 21 alunos que realizaram o diagnóstico processual,[3] 2 (meninos) estavam no nível I, 1 (menino) no nível II, 12 (4 meninas e 8 meninos) no nível III e 6 (1 menina e 5 meninos) alfabetizados. É importante esclarecer que foram considerados alfabetizados os alunos que apresentaram uma evolução conceitual em relação ao nível III, com menor ou nenhuma dificuldade na leitura e escrita. Isso significa, portanto, que alguns alunos considerados alfabetizados ainda podiam apresentar dificuldades, por exemplo, de interpretação e produção escrita, confirmando a premissa piagetiana de que o sujeito conhece à medida que vislumbra novas possibilidades, um processo que se estende por toda vida. Nesse sentido, é possível afirmar que houve uma mudança nos critérios das professoras alfabetizadoras. Se antes (ver questionários I e II), eram considerados alfabetizados aqueles alunos que sabiam ler e escrever sem cometer erros, após a intervenção, na perspectiva psicogenética, mesmo aqueles que escreviam de forma alfabética não ortográfica, podiam ser considerados alfabetizados, já que durante a escolaridade a criança desenvolve o conhecimento letrado, portanto, "erra" cada vez menos e compõe textos mais complexos e de melhor qualidade. Segundo Tolchinsky, "...a noção de textualidade é um aspecto da competência alfabetizada" (2002, p. 98).

A partir desses dados, no segundo semestre letivo de 2003, deu-se continuidade às atividades de intervenção, considerando, sempre, os níveis observados no diagnóstico processual. Vale ressaltar que, nesse período, as professoras participavam melhor do projeto, estavam animadas com os resultados obtidos até aquele momento, discutiam, explicavam e defendiam os casos dos alunos junto aos outros professores que, por sua vez e com pequenas exceções, se mostravam mais receptivos à ideia do projeto. Foi assim que, junto com a pesquisadora, as professoras realizaram palestras fora da escola, abordando as dificuldades de aprendizagem na alfabetização e, ainda, apresentaram o projeto de intervenção durante um congresso nacional de alfabetização, promovi-

---

3. No primeiro semestre de 2003, dos 24 alunos participantes da pesquisa, 3 (meninos) pediram transferências para outras escolas por motivo de mudança de bairro. Permaneceram, portanto, 21 alunos (16 meninos e 5 meninas) que participaram do estudo até o seu final.

do pela Universidade Federal de Uberlândia. No dia da apresentação, o tempo destinado à exposição era curto e, como estava planejado, as professoras e a pesquisadora deveriam falar. Esta começou com uma exposição sucinta da pesquisa, enfatizando mais os aspectos teóricos e metodológicos. Os desdobramentos foram pontuados pelas professoras que, no início, mostraram-se um tanto nervosas, mas logo dominaram a situação, principalmente no momento de relatar a prática de sala de aula. Nessa hora, a pesquisadora ficou muito orgulhosa da desenvoltura e do envolvimento das professoras com o projeto: elas realmente haviam se superado! Essas oportunidades de socializar as experiências vividas tiveram uma repercussão bastante positiva no grupo. A partir da interlocução com alfabetizadoras que atuavam em outros contextos, as professoras sentiram-se respeitadas e valorizadas por aquilo que sabiam e faziam, muito embora não houvesse respostas para todas as dúvidas, visto que a pesquisa estava em desenvolvimento. Mesmo assim, as professoras relatavam suas ações com segurança, superando um certo receio inicial, desencadeado, também, pela falta de experiência em explicitar, para o público, o tipo de trabalho docente que faziam. Aquela situação fez com que as professoras se percebessem como produtoras de saberes e passassem a se considerar melhores alfabetizadoras, elevando sua autoestima. Elas chegaram a afirmar que estavam se sentindo muito importantes por ter a oportunidade de falar para outros professores e, principalmente, por verificar que seu trabalho era reconhecido e admirado. Em termos piagetianos, as professoras estavam construindo conhecimento, ou seja: passavam por um processo de "tomada de consciência", transformando os seus saberes a partir da (re)construção de suas ações.

Foi num clima de cooperação e cumplicidade, com todas as implicações que esses termos podem ter, que o projeto de intervenção, em sua fase de implementação, chegou ao final de 2003. Foi um momento de definições: realização do diagnóstico final dos alunos, análise dos resultados da intervenção e reestruturação do projeto, que, no próximo ano, passaria a ser coordenado pela pedagoga, com assessoria da pesquisadora.

Seguindo a tradição escolar, final de ano é época de avaliação, é a "hora do tudo ou nada". Para os alunos participantes do projeto de intervenção, a avaliação processual da aprendizagem enfatizava as atividades cotidianas, dispensando as atividades específicas de avaliação, como as tradicionais provas. Para as professoras, a prova, com atribuição de notas, poderia ser dispensada, uma vez que o desenvolvimento dos alunos já era registrado e discutido de forma contínua durante os encontros semanais. Esse tipo de acompanhamento explicitava em que o aluno havia progredido, em que necessitava melhorar, o que já dominava e em que precisava de mediação. Porém, no decorrer do processo, fez-se necessário o enfrentamento de mais uma dificuldade: as avaliações semestrais, com atribuição de notas, eram exigidas pelo regimento escolar a todos os alunos. O grupo considerava que esse tipo de avaliação era classificatório, portanto, contraditório com os pressupostos da intervenção, que enfatizava o nível de conhecimento e as necessidades dos alunos. Sendo assim, como já foi dito, nem a prova e nem a nota eram cabíveis, visto que os alunos eram sistematicamente acompanhados em seu processo de desenvolvimento e aprendizagem, de modo que as professoras sabiam de seus conhecimentos, dúvidas e percalços. A convivência no cotidiano já havia avaliado o desempenho dos alunos.

A busca de uma solução para o impasse colocou em pauta o problema da avaliação, o qual foi abordado a partir das seguintes questões: Como os alunos estavam sendo avaliados em sala de aula? Como deveria ser uma avaliação coerente com a intervenção e os estudos realizados? Seria possível mudar algo em relação à avaliação? Como ponto de partida, o grupo era favorável à avaliação, considerada uma atividade importante, que deveria estar presente como instrumento de análise e interpretação do progresso do aluno, servindo, ainda, como autoavaliação do professor. Na verdade, o problema estava no tipo de avaliação, uma vez que a primazia da nota não revelava o processo de aprendizagem e nem as competências dos alunos, salvo aquelas de reproduzir um modelo dado *a priori*. Adicionalmente, obter a média esperada nas provas nem sempre significa aprendizagem: um aluno pode ter boas notas, ser aprovado e não dispor de conhecimentos da forma que o professor imagina. Aprender a dar uma resposta correta não significa que houve avanço conceitual; resolver corretamente os exercícios propostos não esgota as possibilidades de utilização pertinente dos conceitos trabalhados. Essas poucas evidências confirmam o caráter contraditório da avaliação classificatória.

Após calorosas e interessantes discussões, próprias do tema em questão, o grupo chegou à conclusão que não seria possível, naquele momento, abolir a nota, uma vez que esse procedimento extrapolaria as dimensões do projeto, por envolver decisões provenientes de outras instâncias (Colegiado da escola, Secretaria Municipal de Educação). Dessa forma, para as salas do projeto buscou-se atenuantes, tais como valorizar mais o processo do que o produto, ou seja, o resultado final considerava não somente os resultados das provas mas, principalmente, o progresso e envolvimento de cada aluno nas atividades cotidianas. Para participação, organização do material, assiduidade, iniciativa diante das propostas e outros indicadores observados pelas professoras, eram atribuídos sessenta por cento da nota (média necessária para aprovação, conforme constava no regimento da escola). Já para as provas, eram conferidos quarenta por cento da nota. O procedimento para aplicação de provas também foi muito discutido no grupo, que decidiu por elaborar provas coerentes com as atividades desenvolvidas em sala: as provas poderiam ser, portanto, também, de consultas, visto que não cabia fornecer informações para serem memorizadas e depois repetidas. De fato, quando o professor está preocupado apenas com a informação, ele não trabalha a reflexão do aluno. A possibilidade de consultar os livros e cadernos funcionava como um incentivo e dava maior segurança, pois pouco diferia das atividades cotidianas. A consulta não era para transcrever uma resposta já pronta no caderno, mas para se contar com um referencial para a elaboração da resposta, o que não dispensava os estudos fora dos horários de aulas. Os alunos eram orientados nesse sentido, assim como prevenidos da necessidade de estudar em casa, independentemente dos dias serem ou não de prova. Por ser mais uma atividade diária, a prova não precisava ser concluída na mesma aula: era possível começar e finalizá-la na aula seguinte. Essa possibilidade contribuía para conter as ansiedades desencadeadas pela exigência do tempo, que quase sempre era insuficiente e acabava por prejudicar o aluno que não conseguia resolver todos os exercícios em tempo hábil.

Isto posto, é possível afirmar que algo mudou em relação à avaliação, que as professoras começavam a crer na aprendizagem dos alunos e que se preocupavam em manter coerência durante a análise do rendimento escolar, apontando para uma certa consciência sobre o real valor e significado da avaliação: oferecer um parâmetro sobre o que e como o aluno aprendeu, sobre como o professor ensinou e sobre o que e como deve passar a ensinar.

As mudanças ocorridas na avaliação foram consideradas significativas, tendo em vista as dificuldades de avanço em relação ao ato de avaliar. Por outro lado, revelaram as possibilidades do grupo, ou seja, conseguiu-se propor os procedimentos já comentados, os quais podem vir a servir de ponto de partida para novos encaminhamentos, frutos de novas reflexões e discussões.

Essas breves considerações sobre o processo de avaliação foram concluídas no final da fase de implementação do projeto, ao término do ano letivo de 2003. Este fato favoreceu a análise final dos níveis de conhecimento dos alunos e dos procedimentos da intervenção, assim como os encaminhamentos necessários para o ano letivo de 2004. Dessa forma, a avaliação foi uma ação importante do projeto na escola, uma vez que o iniciou (avaliação ou diagnóstico inicial), oferecendo subsídios para o seu desenvolvimento por meio de contínuas revisões do percurso (diagnóstico intermediário ou avaliação processual). Por último, mas não menos importante, favoreceu a análise dos resultados finais (avaliação ou diagnóstico final).

O diagnóstico final, por meio das mesmas atividades do diagnóstico inicial e do processual, revelou nova alteração na distribuição dos alunos nos níveis de conhecimento, marcando avanços conceituais. Dos 21 alunos que realizaram o diagnóstico final, 1 (menino) permaneceu no nível I, 1 (menino) no nível II, 5 (1 menina e 4 meninos) no nível III e 14 (4 meninas e 10 meninos) tinham sido alfabetizados.

Em relação ao aproveitamento final dos alunos, dos 21 participantes do projeto, 18 foram aprovados e 3 reprovados. Destes últimos, 2 eram da 1ª série e 1 da 2ª. Por meio de reavaliação dos casos dos alunos reprovados, foi possível constatar que, apesar dos avanços consideráveis, aprová-los seria distanciá-los de um trabalho mais condizente com seu nível de desenvolvimento e conhecimento. Isso quer dizer que esses alunos precisavam de um tempo maior do que aquele destinado pela escola para aprovação. Sendo assim, eles foram indicados para continuar no projeto no próximo ano, assim como outros que, mesmo aprovados, apresentavam necessidade de acompanhamento mais específico. Para assegurar essa medida preventiva, e ainda, atender alunos novatos, o grupo optou por estender o projeto para a 3ª série. Em 2004, portanto, ficaram três salas do projeto, de 1ª a 3ª série. As professoras permaneceram, pois manifestaram interesse em continuar o trabalho, e uma novata assumiu a 3ª série. Para estudos e discussões dos casos foram definidos encontros semanais com a pedagoga, nova coordenadora do projeto na escola, e mensais com a pesquisadora, assessora do projeto e mediadora entre escola e universidade.

Essa nova configuração do trabalho na escola resultou em novos rumos para o projeto, confirmando seu caráter dinâmico e processual. Novos participantes chegaram para fazer parte do grupo, trazendo novas experiências, necessidades e competências, que requeriam, por sua vez, novos procedimentos de ação. Esta modalidade de pesquisa consiste, de fato, em um constante diagnosticar, planejar, fazer, refazer, analisar, avaliar.

Para a pesquisadora, tendo em vista os objetivos propostos na pesquisa e o tempo disponível para a realização do estudo, era o momento de sistematizar sua participação na escola nos últimos dois anos (2002-2003) e apresentar os resultados, conforme análise desenvolvida no capítulo seguinte deste trabalho.

4

A análise dos resultados do projeto de intervenção

> ... pesquisar é avançar fronteiras, é transformar conhecimentos e não fabricar análises segundo determinados formatos. Balizas, sim, consistência, sim, plausibilidade, sim, aprisionamento do real em dogmas, não.
>
> Gatti, 2003, p. 57

Para analisar os resultados finais do projeto de intervenção foram retomadas as intenções iniciais que direcionaram as ações realizadas no campo da pesquisa. Havia expectativas em relação ao aluno, referentes ao seu sucesso escolar e, em relação às professoras, referentes às suas habilidades para ensinar, respeitando as hipóteses dos alunos no decorrer do processo de aquisição da leitura e da escrita e, ainda, propondo atividades que facilitassem sua aprendizagem.

Para verificar a repercussão das ações e a forma como os participantes construíram seus vínculos às práticas do projeto, foram considerados os encaminhamentos processuais e finais. Dessa forma, as professoras e a pedagoga responderam novamente aos questionários (anexos 2 e 3). Junto aos alunos, além das observações cotidianas de seu desen-

PROBLEMA DE APRENDIZAGEM NA ALFABETIZAÇÃO ...

volvimento, foram analisados os diagnósticos (inicial, processual e final), os quais favoreceram o acompanhamento da aprendizagem da leitura e da escrita, conforme indica o quadro abaixo:

Quadro 2. Número de alunos por nível de conhecimento

Diagnóstico/Período	Nível I	Nível II	Nível III	Alfabetizado	Total[1]
1º diagnóstico (inicial) 2º semestre de 2002	3	6	12	—	21
2º diagnóstico (processual) 1º semestre de 2003	2	1	12	6	21
3º diagnóstico (final) 2º semestre de 2003	1	1	5	14	21

Os diagnósticos revelaram uma evolução dos alunos nos níveis de conhecimento: no diagnóstico inicial não havia alunos alfabetizados; no processual, seis já se encontravam nessa condição; e, no final, o total subiu para quatorze, o que correspondia a sessenta e sete por cento (67%) dos alunos participantes do projeto. Sete alunos não chegaram alfabetizados ao final da intervenção (33%), porém apresentaram progressos significativos, tanto que cinco estavam no nível III, um no nível II e um no nível I, mas com avanços dentro do mesmo nível. Pode-se afirmar, então, que ao final da intervenção, os alunos apresentavam níveis distintos de consciência metalinguística, entendida como o conjunto de habilidades que possibilitam uma reflexão sobre a linguagem, sua natureza, estrutura e funções. Em termos piagetianos, de um nível de conhecimento para outro, ocorreu uma "tomada de consciência", ou seja, os alunos foram apropriando-se, progressivamente, dos mecanismos de funcionamento da língua escrita, assim como das formas de ação sobre esse objeto. A professora da 2ª série exemplificou bem essa afirmação: *"observei que a*

---

1. Foram totalizados os alunos que participaram de todas as etapas do projeto (construção, implementação e análise) e que, portanto, realizaram todos os diagnósticos (inicial, processual, final). Dessa forma não constam os alunos que participaram parcialmente, ou seja, que saíram da escola ou entraram depois.

J. A., que antes não lia e nem escrevia, arriscava apenas as palavras com sílabas simples, passou a ler e escrever cometendo bem menos 'erros' do que os outros que já sabiam" (questionário final — anexo 3). Em acordo com Becker:

> ... podemos dizer que o sujeito vai dando-se conta, por força de sua crescente capacidade representativa, de como age, tornando-se capaz de reproduzir sua ação corrigindo seus rumos, eliminando trajetos desnecessários ou criando trajetos novos, dirigindo-a para novos objetivos etc. (2003, p. 29)

Se a indisciplina e o comportamento discente eram aspectos problemáticos, conforme revelou o diagnóstico inicial, o final mostrou avanços em relação a esses aspectos: os alunos estavam mais participativos, apresentavam maior predisposição para o trabalho em grupo, não se dispersavam com a mesma facilidade, manifestavam maior segurança e iniciativa. Segundo a professora da 1ª série, *"a turma era muito indisciplinada, brigava muito e, no decorrer do processo, muitos mudaram as atitudes"* (questionário final — anexo 3). Na concepção do grupo, essa mudança foi desencadeada, em parte, pela diversidade das propostas psicopedagógicas, direcionadas conforme o nível e o interesse das crianças. Por outro lado, o fato dos casos serem discutidos e analisados, proporcionou um maior entendimento das ações dos alunos, assim como favoreceu as sugestões de encaminhamento conforme as características de cada um.

Quanto à promoção para a série seguinte, 18 alunos foram aprovados (86%) e 3 reprovados (14%), lembrando que todos (21), eram repetentes na série. Se a análise de dados consiste em explicitar a dimensão qualitativa, esta pode estar implícita, também, em dados quantitativos. Sendo assim, a análise sintetizou o processo e o produto, o que significa que a evolução dos alunos foi resultado de múltiplas relações e determinações.

A título de exemplificar o processo, recorreu-se a dois casos distintos, ambos da 1ª série e na faixa etária de oito anos: caso 1, de um aluno que, no início do processo de intervenção estava no nível II de conhecimento e, ao final, estava alfabetizado e foi aprovado; caso 2, refere-se a um aluno que, do início ao final da intervenção, permaneceu no nível I de conhecimento e foi reprovado.

Caso 1 — JEFTE

Diagnóstico inicial

Pato

Gato

Escolinha azul

Jefte gosta da escola.
(Acrescentou o nome após questionamento da pesquisadora.)

Diagnóstico processual

Diagnóstico final

jefte moreira Buar

pato
prato
café
ercola
tomate
panela
animal
florusto
trabalho
cachorro
leite

jefte toma leite

a escola é bonita, é boua
o pato é penado

Nesse caso, o aluno partiu do nível II: ele já conhecia algumas letras e seus respectivos sons, embora naquele momento não entendesse como deveria formar as sílabas e as palavras. Nas atividades de leitura não gostava de se arriscar, afirmando não conhecer todas as letras. Essa conduta indicou que o aluno não mais atribuía às letras um valor aleatório, ou seja, ele já sabia que existiam sons correspondentes e que, portanto, não era possível usar qualquer letra para escrever ou atribuir-lhes qualquer significado durante a leitura. Nas leituras com imagem, suas hipóteses tentavam conciliar o conhecimento disponível da língua escrita e as ideias sugeridas pela imagem.

O aluno era, por vezes, inquieto e exibia um comportamento infantilizado: falava como uma criança de dois anos, dava "birras", ficava "emburrado" com facilidade, fingia chorar. Interagia, porém, muito bem com as atividades de intervenção, assim como participava das propostas em sala de aula, as quais pareciam corresponder às suas necessidades, tanto que certa vez afirmou: *"É bom quando a professora ensina a ler e escrever: a gente aprende mais"*. Foi assim que o aluno avançou. No diagnóstico processual, sua produção escrita revelou que ele já havia construído os conceitos necessários à compreensão do funcionamento da língua escrita. Eram observados apenas alguns conflitos ortográficos em palavras com sílabas complexas, os quais não eram observados na leitura. Ou seja, o aluno já lia palavras e frases corretamente, independente da imagem. No diagnóstico final, demonstrou já ter superado os conflitos com as sílabas complexas, tanto que não foram observadas variações ortográficas em sua escrita.

Caso 2 — Victor

Diagnóstico inicial

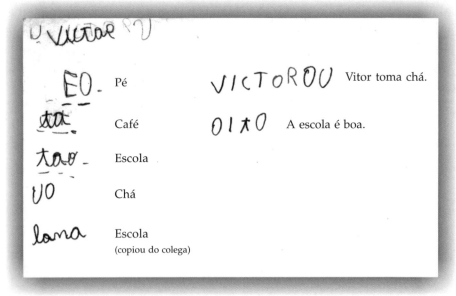

Diagnóstico processual

Diagnóstico final

VICTOR OLIVEIRA LOUREÇO

AU — Pato

AO — Gato

AS — Café

S — Pé

(Afirmou que as palavras não poderiam ter a mesma grafia) < *iOA* — Escola / *iUA* — Escova

V UAS (Primeira tentativa de frase com nome próprio)

VICTOR OUSC (Segunda tentativa de frase com nome próprio, após questionamento da pesquisadora)
Victor tomou café

AQUA (Colocou uma letra para cada palavra da frase)
A escola é boa

AU (Colocou uma letra para sílaba da frase)
Caju

AUSOM (Conservou a grafia da palavra caju)
O caju é doce

Nesse caso o aluno partiu do nível I, não reconhecia as letras, fazia uso aleatório na escrita e na leitura: qualquer letra servia para escrever qualquer palavra, assim como uma determinada sequência gráfica podia ser lida de diferentes maneiras. Na leitura com imagem, essa era a única referência para suas hipóteses. Sem imagem, a leitura era aleatória, fazendo corresponder emissão sonora e segmento gráfico. Nessas circunstâncias, nas frases com o seu nome, esse podia ter outros significados, embora fosse reconhecido.

O aluno participava bem das aulas e das atividades de intervenção, ainda que apresentasse problemas de disciplina: dispersava-se com grande facilidade e não gostava de ficar muito tempo na mesma atividade. Em uma ocasião implorou: *"professora, vamos fazer as coisas lá fora, é tão bom sair da sala"*. Mesmo com essas dificuldades, no diagnóstico processual revelou certo progresso no conhecimento das letras do alfabeto, apesar de ainda utilizá-las de forma aleatória. Os seus critérios de produção oscilavam: para palavras tinha uma escrita silábica — uma letra para cada sílaba da palavra; para as frases, uma letra para cada palavra. Na leitura, a imagem ainda era o critério determinante. Essas características permaneceram no diagnóstico final, mas com pequenos avanços: já conhecia a maioria das letras, porém ainda não tinha conservação da relação grafo-fonológica (não superara o uso aleatório), motivo pelo qual permaneceu no nível I de conhecimento. Na leitura, nomeava as letras conhecidas e utilizava a imagem para atribuir significado ao texto escrito. Nas frases com o nome próprio, não mais admitia outros significados para seu nome, o que poderia ser um indício de conservação da relação grafo-fonológica. É importante constar que, ao final da intervenção, o aluno não mais se dispersava com a mesma facilidade e demonstrava interesse maior pelas atividades propostas. Para um professor pouco experiente, suas produções podiam parecer absurdas. Mas, na verdade, eram hipóteses que correspondiam à lógica de seu pensamento, eram escolhas pertinentes, que foram criteriosamente construídas mediante processos de reflexão sobre o objeto de conhecimento. Nesse sentido, faz-se necessário superar concepções injustas quanto às capacidades de aprendizagem dos alunos, as quais desconsideram os ritmos e características individuais e os rotulam pejorativamente, com base em critérios que a eles não se aplicam.

PROBLEMA DE APRENDIZAGEM NA ALFABETIZAÇÃO ...

Considerando os dois casos, verifica-se que, apesar dos alunos estarem na mesma sala, eles tiveram pontos de partida diferentes, pois não dispunham das mesmas referências, ou ainda, na linguagem piagetina, as estruturas mentais eram distintas e, portanto, as condições para a aprendizagem também o eram, visto a construção do conhecimento ser resultado da (re)organização das estruturas disponíveis. Nessa vertente, Ferreiro e Teberosky afirmam:

> [...] a compreensão do sistema de escrita é um processo de conhecimento; o sujeito deste processo tem uma estrutura lógica e ela constitui, ao mesmo tempo, o marco e o instrumento que definirão as características do processo. A lógica do sujeito não pode estar ausente de nenhuma aprendizagem, quando esta toma forma de uma apropriação de conhecimento. (1986, p. 155)

Com base na afirmação acima, pode-se inferir que nas produções das crianças sempre existe uma lógica, resultante das tentativas de acomodar os esquemas assimiladores. Se a produção é diferente da almejada pela escola é outro caso, mas ela é, sem dúvida, um indício dos mecanismos de construção do conhecimento, cujo processo não é linear, uma vez que exige esforço para superação dos desequilíbrios. Aprender, entretanto, não é tarefa fácil: requer vencer dificuldades e fazer (re)interpretações constantes, pois conhecer é, também, interpretar.

As produções do aluno do caso 1 revelam as trajetórias de seu avanço conceitual, caracterizado por um domínio gradativo das convenções do sistema da língua escrita. Da mesma forma, o aluno do caso 2 também teve seus avanços, os quais ainda não correspondem às convenções da língua escrita valorizadas pela escola como condição para aprovação. Do ponto de vista da organização curricular da escola seriada, o aluno 1 estava apto para série seguinte, pois mostrou dominar os pré-requisitos necessários à aprendizagem dos conteúdos posteriores. O aluno 2 estava em situação oposta, pois tudo que aprendeu ou todos os conceitos que construiu não eram tidos como pré-requisitos suficientes para cursar a série seguinte com sucesso. Essa ditadura dos conteúdos está na contramão da construção do conhecimento, uma vez que o ensino passa a ser organizado em função do conteúdo e não da evolução da capacidade de aprendizagem, via construção de novas estruturas mentais. Por outro lado, não se pode negar a existência de expectativas docentes em relação aos conhecimentos que os alunos devem construir ao longo das atividades de aprendizagem, as quais dizem respeito, também, aos conteúdos escolares. Nesse ponto, se nem tudo que os alunos aprendem corresponde ao que as professoras ensinam, nem por isso se pode afirmar que não há aprendizagem. Segundo Corrêa, *"O aluno, por sua vez, está sempre aprendendo algo, mesmo que não seja observado ou admitido pelo professor como algo válido, pois ele aprende independente do ensino"* (2001, p. 60).

Para ilustrar um pouco mais o processo de intervenção, vale ressaltar outro exemplo para mostrar que, mesmo quando os alunos partem do mesmo nível, os resultados podem ser distintos. Dois alunos da 2ª série, com 9 e 10 anos, que no diagnóstico inicial estavam no nível II de conhecimento, ao final da intervenção apresentaram evoluções diferentes. Segue abaixo exemplos das produções escritas nos três diagnósticos.

Diagnóstico Inicial
(2° semestre de 2002)

Aluno A (9 anos — repetente)			**Aluno B** (10 anos — repetente)		
PDO	para	PATO	TAO	para	PATO
CAO	para	GATO	AO	para	GATO
ESCOLA	para	ESCOLA	ESCOLA	para	ESCOLA
(palavra trabalhada pela professora)					
IOA	para	ESCOVA	ECOAL	para	ESCOVA
UA	para	UNHA	UHA	para	UNHA
ICTA	para	IGREJA	IREA	para	IGREJA
CATO	para	CACHORRO	CAOO	para	CACHORRO

Por meio de suas tentativas de escrita foi possível observar que os alunos compartilhavam de algumas hipóteses acerca do funcionamento do código linguístico, motivo pelo qual foram considerados como nível II de conhecimento. Ambos dispunham de critérios para escrita: não mais utilizavam qualquer letra, tinham conhecimento do alfabeto e da relação grafo-fonológica, embora não dominassem a correspondência convencional. Em alguns momentos, utilizavam uma letra para representar uma sílaba (UA para UNHA; AO para GATO). Iniciavam a conservação da relação grafema e fonema para a escrita de palavras semelhantes (ESCOLA para ESCOLA e ECOAL para ESCOVA). Nesse caso, o aluno reconhecia a semelhança sonora (ESCOLA e ESCOVA), mas sabia que algo deveria ser diferente, por se tratar de palavras distintas. Usavam a emissão sonora como referência para escrita silábica (IOA para ESCOLA). Na escrita de frases foram observados os mesmos critérios, inclusive naquelas com o nome próprio, que era grafado e lido corretamente. Ainda apresentavam problemas de segmentação: tinham dúvidas sobre como separar as palavras na frase. Na leitura com imagem prevalecia a descrição ("liam" descrevendo a imagem), com tentativas de decifração a partir dos conhecimentos disponíveis. Faziam corresponder a emissão sonora e o segmento gráfico. Para leitura sem imagem atribuíam significados com base no que já sabiam, o que indicava o uso de critério, diferente do nível I, que atribuía significados de forma aleatória.

Em situações cotidianas, os alunos demonstravam dificuldades em copiar do quadro (troca e/ou omissão de letras, falta de organização espacial). Não apresentavam problemas de disciplinas, mas se dispersavam com facilidade. Durante o trabalho com jogos, nem sempre atentavam para as regras ou para organização de estratégias.

Diagnóstico Processual
(1º semestre de 2003)

Aluno A			Aluno B		
PAO	para	PATO	PATO	para	PATO
AO	para	GATO	GATO	para	GATO
ESCOLA	para	ESCOLA	ESCOLA	para	ESCOLA
ESOA	para	ESCOVA	ECOVA	para	ESCOVA
UA	para	UNHA	UINA	para	UNHA
IEA	para	IGREJA	IGEA	para	IGREJA
KOTU	para	CACHORRO	CAXORO	para	CACHORRO

As produções revelaram avanços distintos: o aluno A permaneceu no nível II e o aluno B avançou para o nível III. O primeiro, em alguns momentos, continuava escrevendo uma letra para representar uma sílaba da palavra (AO para GATO; UA para UNHA), porém não utilizava qualquer letra: tinha critério fonológico, utilizava-as com valor sonoro convencional. O segundo não mais confundia letras e sílabas, escrevia corretamente as palavras com sílabas simples (PATO; GATO), demonstrando conflitos naquelas com sílabas complexas (UINA para UNHA), mas mantendo o critério fonológico (CAXORO para CACHORRO).

Ambos já utilizavam a letra cursiva e apresentavam categorização gráfica: não confundiam as letras cursivas com as de imprensa. As produções de frases, a partir de imagem e sem imagem, eram curtas e simples, de caráter descritivo e com problemas de segmentação (fusões ou cisões de palavras da frase). Tinham dificuldades para produzir textos, mesmo quando o registro era feito pela professora: as ideias eram fragmentadas, faltava sequência e os argumentos eram descritivos. Na leitura com imagem, estabeleciam uma correlação entre a figura e o texto, porém tentavam extrapolar com base nos conhecimentos disponíveis, principalmente o aluno B, que lia corretamente palavras com sílabas simples, mas se confundia nas sílabas complexas. O mesmo ocorria para leitura sem imagem: os alunos tinham agora critérios e não mais liam de forma aleatória, não atribuíam qualquer significado ao código escrito.

Nas situações de jogos, eles estavam mais atentos às regras e à organização de estratégias, principalmente o aluno B que, em alguns momentos, apresentava sugestões de jogadas, modificando o procedimento inicial. Foi possível observar, ainda, alguns avanços em relação às cópias do quadro e à organização do material escolar.

Diagnóstico Final
(2º semestre de 2003)

Aluno A			Aluno B		
PATO	para	PATO	PATO	para	PATO
GATO	para	GATO	GATO	para	GATO
ESCOLA	para	ESCOLA	ESCOLA	para	ESCOLA
ECOA	para	ESCOVA	ESCOVA	para	ESCOVA
UGA	para	UNHA	UIHA	para	UNHA
IGEXA	para	IGREJA	IGEJA	para	IGREJA
CAORO	para	CACHORRO	CAXORRO	para	CACHORRO

De acordo com suas produções, o aluno A avançou para o nível III: escrevia corretamente palavras com sílabas simples (PATO — GATO); não mais confundia letras e sílabas, houve uma progressiva compreensão do significado de sílaba — uma grafia composta por mais de uma letra. Se em alguns momentos ainda utilizava uma letra para uma sílaba logo apresentava uma justificativa, afirmando não saber a outra letra. Isso confirma o critério fonológico, observado desde o diagnóstico processual. Havia conflitos na escrita de palavras com sílabas complexas (UGA para UNHA e IGEXA para IGREJA), na segmentação de palavras nas frases e na produção de textos, não obstante avanços observados em relação ao diagnóstico processual. Na leitura com imagem buscava, ainda, uma correlação entre a figura e o texto escrito, porém tentava ler além da imagem, reafirmando o conflito nas sílabas complexas. O mesmo ocorria para leitura sem imagens: tentava ler com base nos conhecimentos disponíveis. Demonstrava poucas dificuldades para copiar do quadro e o material escolar estava mais organizado, embora pudesse melhorar ainda mais. Nas situações de jogos, o comportamento oscilava entre o egocentrismo e a reciprocidade interpessoal: em alguns momentos tentava fazer prevalecer o seu ponto de vista, independente das regras e, em outros, aceitava a opinião dos colegas, rendendo-se às estratégias coletivas.

O aluno B, mesmo com alguns conflitos ortográficos, estava alfabetizado: havia compreendido o mecanismo de funcionamento do código escrito, faltando-lhe apenas se apropriar de algumas convenções. Em outras palavras, ser alfabetizado não significa escrever ortograficamente: os conflitos de ordem ortográfica podem permanecer, sendo resolvidos à medida que a criança interage com o sistema alfabético de representação da escrita. Em relação à leitura, não mais se confundia nas sílabas complexas, e fazia uma leitura fluente, porém com conflitos de interpretação. Da mesma forma, a produção de textos desencadeava outros conflitos: organização de ideias, sequência lógica e coesão. Essas são dúvidas naturais, tendo em vista que as habilidades textuais são desenvolvidas durante a escolaridade, quando a criança tem oportunidades de ler e produzir textos de diferentes gêneros. O material escolar estava organizado, os cadernos completos, com raros erros de cópia. Durante os jogos não gostava de perder, mas interagia bem com os colegas, era atento às regras e às suas possibilidades de modificação.

A partir desse exemplo dos alunos A e B, pode-se afirmar que, mesmo quando o diagnóstico inicial revela que os educandos estão no mesmo nível de conhecimento (por apresentarem noções semelhantes), isso não significa que eles disponham das mesmas estruturas mentais e das mesmas condições para aprendizagem. Cada um segue seu ritmo, segundo suas possibilidades de reorganização das estruturas cognitivas; sempre há, portanto, níveis distintos de conceitualização. Do ponto de vista da psicogênese, as aquisições realizam-se por caminhos que não são determinados pela escola. Nesse sentido, as pesquisas de Ferreiro e Teberosky (1986) evidenciam que, independente da metodologia de trabalho do alfabetizador, as crianças avançam em momentos distintos. Isso ocorre porque o método não cria aprendizagens: o conhecimento é resultado da própria atividade do sujeito, de modo que é a ação que desencadeia todo processo de conhecimento.

Sendo assim, é inútil a tentativa de alguns professores de formar salas de aula homogêneas, isto é, compostas de alunos com as mesmas potencialidades para aprender. Mesmo quando, a princípio, o professor reúne aqueles que compartilham de hipóteses semelhantes, no decorrer do processo ele irá, certamente, observar diferenças de rendimento, o que invalida sua ação inicial. Em decorrência, alguns professores cometem outro equívoco: fazer o remanejamento dos alunos para salas mais ou menos adiantadas. Esse procedimento, quase sempre, gera novos problemas, uma vez que o aluno remanejado precisa reconstruir seus vínculos com outra professora e outros colegas, além de ter que se adaptar a uma nova dinâmica de trabalho. Para evitar esse tipo de situação, faz-se necessária uma ação pedagógica diversificada e voltada para as especificidades discentes.

Em relação aos alunos do presente estudo, de acordo com os fundamentos teóricos e metodológicos do projeto de intervenção psicopedagógica, não cabem referências ao fracasso escolar: todos, independentemente da promoção, percorreram vários caminhos rumo à construção do conhecimento, assim como revelaram maior capacidade de interação e compreensão das experiências cotidianas. Isso quer dizer que houve transformações estruturais que, na perspectiva piagetiana, correspondem à assimilação/acomodação do objeto de conhecimento às estruturas cognitivas atuais, modificando-as conforme as necessidades. Essas estruturas assimiladoras embasam a atribuição de significados à realidade, possibilitando, assim, a passagem de um estado de conhecimento a outro, qualitativamente diferente. Foi assim que os alunos construíram novas concepções sobre a leitura e a escrita: por meio de reorganizações sucessivas e sequenciais, de forma que cada nível de conhecimento resultou das possibilidades surgidas das etapas precedentes. Não é suficiente, portanto, afirmar que houve uma mudança quantitativa dos níveis de conhecimento. Mais do que isso, parece ter havido uma superação no sentido dialético do termo, uma reestruturação do antigo saber, com todas as implicações que essa ultrapassagem tem: rupturas, hipóteses, erros, acertos etc. Isso vale, inclusive, para os alunos reprovados que, acompanhados em seu processo de desenvolvimento e aprendizagem, não deveriam ficar retidos. Segundo a pedagoga da escola, isto ocorreu, também, porque: *"Falta a nós, educadores, experiência sobre a vivência deste processo do conhecimento, para explorar seus diferentes ângulos, como numa construção em rede, permitindo ao indivíduo esta construção do seu próprio conhecimento. Estamos sempre 'correndo' em função do tempo e não propiciamos ao aluno nem o tempo, nem as condições propícias para 'construir-se'"* (questionário final — anexo 3).

Por outro lado, nem todos os professores estavam envolvidos no projeto de intervenção psicopedagógica e, geralmente, trabalhavam da mesma forma com todos os alunos. Assim, aprovar aqueles participantes do projeto poderia implicar transferi-los para uma série que, tendo em vista a proposta curricular da escola, lhes exigiria mais, desconsiderando suas reais necessidades. Aprová-los, nessas condições, seria negar-lhes a participação em uma intervenção pertinente ao seu nível de conhecimento. Nesse sentido, o grupo sentiu-se responsável pelas futuras aprendizagens dos alunos: não bastava aprová-los; era preciso garantir-lhes um ensino consequente, de acordo com suas necessidades. Conforme afirma Becker:

> Se o sujeito tem condições ótimas de ação devido às suas experiências anteriores significativas e o meio é positivamente desafiador, a qualidade da interação cresce e será função de um desenvolvimento cognitivo ótimo. Se o sujeito tem as condições referidas, mas o meio falha em sua capacidade de desafiar, a tendência será a de baixar a qualidade da interação, embora essa tendência possa não se confirmar em um caso específico. (2003, p. 36)

Desenvolver um trabalho que considere de fato as capacidades e necessidades dos alunos, implica dar-lhes voz e escuta, rompendo com os paradigmas tradicionais de ensino; para tanto, faz-se necessário redimensionar as práticas pedagógicas. Este foi um desafio constante para os participantes do projeto de intervenção: se a prática não era um terreno de aplicação de metodologias neutras, vazias e desconectadas de significados, as professoras precisavam refletir acerca de suas ações e das condições que as influenciavam. Esse exercício foi uma condição fundamental para mudanças da prática, uma vez que, sem aquela, esta se torna automática, desprovida de sentido e distante da realidade mutante de sala de aula. A questão, aqui, é complexa, pois envolve diferentes aspectos. Sobretudo, é uma necessidade a ser percebida e construída pela professora e não anunciada por alguém.

Uma das mudanças da prática pedagógica ocorreu em relação ao trabalho com o nome próprio do aluno. Anteriormente não eram observados procedimentos diversificados para exploração do nome, que era trabalhado, principalmente, a partir da cópia de um modelo. Quase sempre, sua escrita era apenas memorizada e não compreendida, o que dificultava a produção de outras palavras semelhantes ao nome, conforme observado nos diagnósticos dos alunos.

Certo dia, durante uma reunião, a professora da 2ª série questionou: *"Por que o aluno não faz nenhuma relação entre a escrita de seu nome e a escrita de palavras?"* A pesquisadora argumentou que essa relação precisava ser construída. Não basta a professora mostrar, por exemplo, que a sílaba inicial do nome PATRÍCIA corresponde à sílaba inicial do PATO. Pode ser que o aluno ainda não compreenda o que é uma sílaba e considere a palavra de forma global, não atentando para as partes que a compõem (nível I de conhecimento). Ou também, ele pode não conservar a relação grafo-fonológica. Para tanto é necessário que a criança tenha oportunidade de interagir com a escrita, tente compreendê-la e levante hipóteses acerca de sua funcionalidade. Sendo assim, é preciso que sejam propostas situações adequadas de conflito cognitivo, de acordo com o nível de conhecimento identificado no diagnóstico.

Nesse sentido foram desenvolvidas atividades ligadas ao nome próprio específicas para cada nível (ver quadros de atividades no capítulo 3). Uma delas consistia em formar grupos de alunos do nível II e III. Nos grupos, cada aluno recebia uma ficha em branco para escrita do prenome em letra de imprensa maiúscula, sendo cada sílaba de uma cor. Após a correção e a leitura, os nomes eram recortados em sílabas. No primeiro momento, individualmente, o aluno tentava formar outra palavra com as sílabas de seu nome. Exemplo: LUDIMILA →LULA. Para ampliar as possibilidades, no segundo momento, os alunos deveriam combinar as sílabas de seus nomes no grupo, trabalhando coletivamente. Exemplo: MARCELO TEREZA →MARTELO. As palavras descobertas eram registradas no caderno para posterior correção e leitura. Era possível, ainda, escolher algumas palavras para construção de frases, individuais e/ou no grupo.

Para os alunos do nível I, que ainda não compreendiam as sílabas e não conheciam todas as letras, o procedimento era distinto: trabalhava-se com estojo de letras do alfabeto para tentativas de escrita do nome. No segundo momento, após correção, eles confrontavam a escrita de seu nome com um colega, tentando estabelecer relações grafo--fonológicas.

Em todos os níveis, as atividades possibilitavam a cooperação e a troca entre os alunos e, à medida que eram realizadas, apresentavam resultados muito interessantes. Assim sendo, durante a intervenção psicopedagógica, as mudanças foram respaldadas em fundamentos teóricos que nortearam a superação das práticas pedagógicas cotidianas por práticas pedagógicas mais elaboradas. Essa relação da prática com a teoria não foi uma transposição linear dos pressupostos piagetianos, mas a tentativa de embasar, com essa teoria, o exercício de transformação da prática pedagógica. Nesse sentido, o desenvolvimento das propostas de atividades em sala de aula teve, a princípio, um caráter fragmentário, ocorrendo paralelo à outras atividades, às vezes contraditórias com os fundamentos teóricos do projeto de intervenção. Este fato foi considerado comum e esperado, tendo em vista que não é simples passar do nível da pesquisa teórica para o nível das ações em sala de aula. Por outro lado, não havia a pretensão de propor uma nova metodologia de ensino, mesmo porque a intenção era refletir sobre a aprendizagem e apresentar propostas coerentes com as necessidades dos educandos. Dessa forma, o grupo investiu na busca de procedimentos metodológicos, conforme observou a professora da 1ª série: *"o processo de ensino e aprendizagem das crianças antes do projeto ocorria de uma forma muito tradicional. Com o projeto, diversificamos esse processo, com jogos e muitas outras atividades prazerosas"* (questionário final — anexo 3).

Uma das situações lúdicas interessantes ocorreu na sala de 1ª série. Ao propor a utilização de alguns jogos, a pesquisadora observou que a professora estava preocupada com o conteúdo, tanto que perguntou: *"Eu posso dar aula até a hora do recreio e a gente joga com eles depois? É que meu conteúdo está um pouco atrasado, sabe como é, eles são mais lentos"*. A pesquisadora aceitou, mas foi para sala assistir à aula. Para colocar o conteúdo em dia, os alunos enfileirados assistiram passivamente a uma aula expositiva, seguida de alguns exercícios de fixação, os quais deve-

PROBLEMA DE APRENDIZAGEM NA ALFABETIZAÇÃO ...

riam ser resolvidos individualmente. Foi possível observar que, apesar do empenho da professora, muitos alunos não entenderam sua explicação e, mesmo assim, não fizeram perguntas. Consequentemente, a maioria não resolveu os exercícios propostos, aguardando que a professora escrevesse a resposta no quadro para eles copiarem (quem conseguia copiar). Na tentativa de envolver os alunos, em alguns momentos a professora comentava: *"depois do recreio é só jogo e quem não fizer a tarefa não vai jogar"*. Mesmo assim, eles continuaram dispersos, andando pela sala e conversando entre si. Após o recreio, a pesquisadora e a professora formaram grupos, sendo que cada um recebeu um jogo diferente, envolvendo a leitura, a escrita e a matemática (jogos de memória, jogos de percurso, bingo, quebra-cabeça).[2] Após um tempo, variável de acordo com o interesse dos alunos, foi feito um rodízio, de forma que todos os jogos foram trabalhados em todos os grupos. Os alunos participaram ativamente: argumentaram, questionaram, discordaram, trocaram ideias e fizeram tentativas conforme suas hipóteses. Ao término da aula eles perguntaram: *"professora, que dia vamos jogar de novo?" "Vamos jogar amanhã?"*. Observando o envolvimento dos alunos, a professora disse que passaria a trabalhar mais com jogos.

A pesquisadora sugeriu que a experiência fosse socializada na próxima reunião de estudos. Naquela ocasião foi estudado um texto sobre a importância do lúdico no processo de aprendizagem e sobre o trabalho com jogos.[3] Com a discussão, as professoras pareceram alertar para a riqueza de possibilidades do lúdico, não obstante a dificuldade de superar a ideia de que os conteúdos são trabalhados somente com aulas expositivas e exercícios de fixação. Oportunamente, a pedagoga e a pesquisadora incentivaram o uso dos jogos disponíveis na escola, os quais eram pouco utilizados pelo corpo docente. Essa realidade foi mudando gradativamente e, ao final da intervenção, as professoras estavam utilizando jogos de forma mais constante.

---

2. Sobre o procedimento de trabalho com jogos, ver o quadro das atividades de intervenção psicopedagógica — capítulo 3.

3. Para aprofundamento sobre o trabalho com jogos ver Piaget (1978); Macedo (1992-1994); Brenelli (1993); Kishimoto (1996); Curto (2000b).

A complexidade da realidade demonstrou, porém, que não seria suficiente mudar somente a metodologia, mas também as concepções de ensino, aprendizagem, educação e, principalmente, mudar a postura. Como já foi dito, as mudanças de hábitos e posturas foram gradativas: não se produziram com facilidade e nem de forma rápida. O ponto de partida para essa mudança foram os saberes que as professoras possuíam e transmitiam no trabalho cotidiano. Houve respeito ao que elas sabiam e faziam: conhecimentos não foram repassados como se não existisse já um saber elaborado. Estar junto às professoras em sala de aula, observando e participando ativamente do processo, favoreceu a compreensão de seus modos de proceder e encaminhar o trabalho e, ainda, tornou possível observar evoluções: os alunos não ficavam somente enfileirados, as ações deixaram de ser unificadas conforme os níveis de conhecimento, as atividades não eram mais descontextualizadas, o ambiente da sala de aula passou a contar com referências para a alfabetização e as resistências às sugestões foram bastante amenizadas. Nesse ponto, também foi possível observar progressos: no início havia um certo constrangimento com a presença da pesquisadora em sala de aula, superado com a convivência. Se no início da intervenção em sala de aula predominava um clima de ansiedade e insegurança, provocado pela ausência de um plano de ação pré-definido, à medida que houve maior interação entre os participantes da pesquisa, as angústias foram gradativamente amenizadas. Essa observação é confirmada pela professora da 2ª série: "...à medida que íamos conseguindo melhores resultados, eu ia também ficando mais confiante" (questionário final — anexo 3). Como já foi mencionado, durante as reuniões de estudo, as professoras tornaram-se mais participativas, discutindo os casos dos alunos, fazendo críticas e apresentando sugestões como essa da professora da 1ª série em relação à avaliação: "a minha sugestão é que a avaliação não seja só com provas somativas, mas leve em conta todo o processo em que ocorreu o aprendizado" (questionário final — anexo 3).

Pode-se afirmar, então, que mesmo que concepções epistemológicas empiristas ou aprioristas não tenham sido totalmente superadas, o grupo envolvido com a pesquisa avançou na compreensão do significa-

PROBLEMA DE APRENDIZAGEM NA ALFABETIZAÇÃO ...

do de um projeto coletivo e passou a ter compromisso com a produção do conhecimento em todos os níveis. Essa realidade desencadeou mudança significativa na forma de conceber o processo de ensino e aprendizagem, assim como suas dificuldades. Se antes a responsabilidade da "não aprendizagem" restringia-se ao aluno e à sua família, ao final da intervenção, o processo de aprendizagem era considerado resultado de diversos fatores, inclusive do professor e suas propostas de ensino. O confronto das respostas da professora da 2ª série nos questionários inicial (Anexo 2) e final (Anexo 3) é esclarecedor nesse sentido:

A escola faz o que pode para o aluno aprender, o problema é o desinteresse da família com relação ao aproveitamento do aluno (...). Muitas vezes, suas dificuldades vêm de uma falta de acompanhamento familiar. Na sala de aula, o professor tenta suprir esta necessidade, mas os resultados não são satisfatórios (questionário inicial).

Vários fatores contribuem para a aprendizagem; por isso, é muito difícil efetivar um trabalho com os alunos que apresentam problema de aprendizagem. Para atingirmos um resultado positivo no trabalho, a escola precisa manter uma assistência efetiva ao professor, para que ele possa acompanhar essas crianças em suas necessidades. É claro que nestes termos muitos professores não gostam, devido a uma maior cobrança por parte da escola. Mas se as crianças recebem acompanhamento, passam a se interessar mais pelos conteúdos. Creio que muitas dificuldades surgem por não haver um elo de ligação entre escola — aluno — família (questionário final).

Essa mudança sinalizou um rumo promissor em direção a um ensino embasado por uma epistemologia construtivista, permitindo possibilidades de ação pedagógica sobre novas bases. As professoras tentaram trabalhar, então, a partir dos conhecimentos disponíveis dos alunos, de sua realidade cognitiva e capacidade de ação sobre os objetos de conhecimento, assim como de suas dificuldades e estilos de aprendizagem. Para a professora da 1ª série, era preciso *"valorizar o processo em que ocorre o aprendizado, incentivando o aluno como alguém especial e inteligente"* (questionário final — Anexo 3).

Entendendo, como Piaget, que a criança assimila o objeto de conhecimento e o mundo de acordo com suas estruturas, as atividades de intervenção foram desenvolvidas tendo em vista os níveis de conhecimento, não cabendo, portanto, propor as mesmas atividades a todos os alunos. Por haver diversidade de níveis de compreensão da leitura e da escrita, os encaminhamentos pedagógicos também deveriam ser diversificados. Respeitar suas realidades cognitivas foi considerar cada nível como possibilidades abertas de avanço e superação, no sentido da gênese de um novo nível. Em outros termos, independentemente de suas histórias anteriores, os alunos foram considerados capazes de aprender, extraindo das próprias ações ou operações novas possibilidades. Foi assim que a professora da 2ª série venceu o desafio de favorecer a alfabetização e aprovar um aluno de doze anos, com três anos de repetência. Em relação a esse caso específico, ela afirma: *"Um fato que me emocionou muito foi quando o DA. começou a ler, pois esta era a maior razão pela qual eu me predispunha insistentemente a conduzir este trabalho"* (questionário final — anexo 3).

Para a professora, alfabetizar esse aluno significou muito, já que ele trazia o rótulo de fracasso escolar e, por várias vezes, quis abandonar a escola. Este foi o motivo pelo qual ela se dispunha a visitá-lo em casa para convencê-lo a retornar às aulas. Tal envolvimento evitou a evasão, assim como desencadeou uma crença mútua: na capacidade da professora de ensinar e do aluno de aprender. Se não houvesse uma sensibilidade em relação às necessidades do aluno, provavelmente se teria mais um caso de fracasso por repetência e evasão, pois "se um indivíduo traz uma história de experiências fracassadas e o meio é omisso, a probabilidade de um novo fracasso é elevada" (Becker, 2003, p. 36).

O caso deste aluno, somado aos demais que também tiveram uma evolução significativa, foi uma constatação empírica da hipótese inicial de que mesmo aqueles rotulados de problemas de aprendizagem tinham capacidades para aprender, desde que as professoras soubessem como os ensinar. Esse saber docente foi (re)construído no exercício da pesquisa e da ação, na análise dos encaminhamentos processuais provocados pela intervenção psicopedagógica, cujos resultados se reverteram em novas aprendizagens para todos os participantes da pesquisa, uma vez que havendo disponibilidade para refletir, aprende-se, também, com os supostos erros.

PROBLEMA DE APRENDIZAGEM NA ALFABETIZAÇÃO ...

Nesse sentido, uma das experiências interessantes ocorreu com os alunos considerados indisciplinados. O procedimento inicial foi de retirá-los do grupo, desenvolvendo as atividades individualmente, buscando, assim, evitar dispersões. Consequentemente, esses alunos começaram a solicitar que pudessem trabalhar em grupo, junto com os demais, afirmando não gostar de estudar "sozinhos". Mediante tais pedidos, considerou-se que seria possível "negociar ou entrar em acordo" com os alunos, realizando o que Piaget denominou de "sanção por reciprocidade": a criança tem a oportunidade de fazer opções dentre alternativas sugeridas pelo adulto. Mesmo que a autoridade do adulto esteja implícita — já que as propostas dependem de seu ponto de vista —, a criança tem oportunidade de refletir e fazer opções, o que desenvolve sua autonomia moral e intelectual. Sendo assim, as professoras apresentaram as propostas, às quais condicionavam a participação dos alunos no grupo, mediante a realização das tarefas e do "comportamento adequado", discutido e combinado em conjunto. Deixar de cumprir o combinado implicava voltar a trabalhar individualmente, após conversar com a professora sobre o que, em comum acordo, havia ficado estabelecido e sobre as razões pelas quais se havia descumprido o combinado. Esse encaminhamento contribuiu para que resultados positivos começassem a surgir. O grupo analisou, então, que o procedimento inicial de trabalhar com o aluno individualmente não era o mais adequado, uma vez que o privar da convivência com os demais dificultava sua socialização e, ainda, impedia as relações de cooperação, fundamentais nos processos de desenvolvimento e aprendizagem.

Dessa forma, o processo de intervenção não podia ser centrado na figura do adulto mediador: o grupo precisava ter oportunidades de interagir entre si, estabelecendo relações de cooperação e respeito mútuo, que são fatores de desenvolvimento. Segundo Piaget, "há respeito mútuo em toda relação baseada na reciprocidade, em toda amizade fundamentada na estima e em toda colaboração que exclui autoridade" (1967, p. 57).

Com base no pressuposto acima, passou-se a priorizar a construção de regras em conjunto e com deliberação do grupo, recusando qualquer possibilidade de doutrinamento. De acordo com essa tendência, evitavam-se os longos discursos de cunho moralizantes. Ao invés, solicitava-se às crianças que apresentassem sugestões, assim como argumentos que justificassem o seu ponto de vista.

Isto posto, com a vivência do projeto novos conhecimentos foram constituídos. Se antes, como constatado empiricamente, as professoras não se consideravam construtoras de saberes e de alternativas de ação, a dinâmica do trabalho favoreceu interações com seus alunos, na condição de sujeitos construtores de saberes. Em outras palavras, com o trabalho, as professoras descobriram que também se aprende com os alunos e com o exercício da docência. Nesse sentido, alunos e professoras são sujeitos da aprendizagem, ainda que sob óticas distintas. Isto significa que, gradativamente, elas passaram a considerar a complexidade do processo de aprendizagem, "perderam a ilusão" de controle desse processo e, ainda, refletindo sobre a própria prática, modificaram o olhar sobre o aluno de forma a enxergar suas possibilidades de aprender.

Assim sendo, ao contrário do que foi observado nos questionários iniciais (anexo 1 e 2), os chamados problemas de aprendizagem passaram a ser considerados na perspectiva da construção do conhecimento. As supostas dificuldades começaram a ser analisadas, também, em relação aos possíveis obstáculos cognitivos que o sujeito pode encontrar para superar os desequilíbrios, no sentido proposto pela teoria da equilibração majorante.

Nesse sentido, Corrêa (2001), a partir da análise de várias situações investigadas e descritas por Piaget, identifica e distingue quatro fontes principais de dificuldades que podem interferir no desempenho escolar: *a cosmovisão, o sentido de realidade, o entendimento de mundo e a tomada de consciência*. Segundo a autora, a cosmovisão, entendida como concepção de mundo, pode desencadear dificuldades de compreensão de conceitos ou resolução de problemas, uma vez que influencia o sentido de realidade do sujeito, subordinando-o às crenças que dão significado às experiências vividas. Nas palavras de Corrêa, "a visão de mundo do sujeito, ou seja, o que é o mundo para ele ou o modo de ser das coisas (ontologia) interfere na sua forma de compreender, no seu procedimento, no seu entendimento de mundo ou na tomada de consciência" (2001, p. 95).

A mudança de cosmovisão significa descentração do pensamento e a possibilidade de compreender o mundo de forma diferente, com novas perspectivas. Essa mudança, que não é linear, leva a criança a enfrentar grandes conflitos para alcançar níveis mais elevados e satisfatórios de compreensão do mundo. A escola pode tornar os conflitos algo muito complicado quando tenta impor sua visão de mundo, desconsiderando aquela do aluno, o que implica desconsiderar também suas crenças, valores básicos e estruturas cognitivas.

A segunda fonte de dificuldade — sentido de realidade — está relacionada à primeira e refere-se à capacidade do sujeito de situar o real em um contexto de possíveis e necessários. Dessa forma, o sentido de realidade depende dos mecanismos cognitivos do sujeito, os quais ampliam a quantidade e variedade de possíveis. O possível cognitivo significa construção, invenção e criação, de modo que "cada possível é resultado de um acontecimento que produziu uma abertura sobre si mesmo como novo possível, e sua atualização dá lugar, em seguida, a novas aberturas para outras possibilidades, e assim sucessivamente" (Corrêa, 2001, p. 113). A formação de novos possíveis ocorre mediante a busca da solução de problemas, para a qual é necessário articular seus dados e, em seguida, analisá-los. É assim que o sujeito enxerga o mundo: subordinado aos seus possíveis que, por sua vez, nem sempre correspondem às regras convencionais, mas constituem o que é real para ele. O sentido de realidade organiza a forma de lidar com o mundo e, para ampliar a perspectiva do real, é preciso que o sujeito resolva situações problematizadoras. Nesse sentido, a escola peca quando enfatiza as pseudonecessidades, que impedem os alunos de ver as múltiplas possibilidades e, assim, limita a abertura de novos possíveis. Isto ocorre, por exemplo, quando o professor faz uma proposta de trabalho e aceita uma única resposta como certa.

O entendimento de mundo, terceira fonte de dificuldade, progride de acordo com os estágios de desenvolvimento, constituindo-se em dificuldade quando ocorre disparidade entre o nível de entendimento do sujeito e o exigido e ensinado pelo professor. Ou seja, "à medida que o planejamento didático ignora o aluno real e suas condições de aprendizagem, o nível de entendimento do aluno pode se tornar uma dificuldade" (Corrêa, 2001, p. 125). O entendimento de mundo pode ser observado nas explicações dadas pelo sujeito, quando interage com um objeto novo ou em uma situação inédita.

De acordo com o nível de desenvolvimento, é possível constatar progressos na abordagem da questão, que correspondem à construção do conhecimento. Porém, o sujeito pode encontrar dificuldades quando a abordagem do conhecimento é essencialmente teórica e axiomática, principal forma que a escola adota para apresentar seus conteúdos. Segundo o ponto de vista de Piaget, o conhecimento não pode ficar restrito à mera descrição de fatos ou a constatações de leis regulares: o verdadeiro conhecimento ultrapassa esses limites e busca novas explicações para os fenômenos.

Esse papel ativo e construtivo do sujeito do conhecimento exige uma tomada de consciência que, por sua vez pode ser, também, uma fonte de dificuldade, uma vez que requer novas coordenações e não apenas informações sobre a realidade. Trata-se de um processo a ser construído na interação com o meio, na estruturação progressiva da realidade e na construção de esquemas de significação. Esses mecanismos cognitivos ocorrem durante o desenvolvimento e aprendizagem do sujeito.

Entendendo como Piaget, Corrêa afirma que:

> Diante de uma novidade, o sujeito reestrutura os elementos presentes nos níveis cognitivos anteriores. As novas significações não são tiradas dos níveis anteriores e nem impostas pelos objetos, precisando o sujeito construir, em cada situação ou diante da novidade, no nível endógeno, um novo esquema de significação ou uma nova combinação de esquemas já existentes, provocando uma mudança de ponto de vista. (2001, p. 127)

A tomada de consciência ocorre mediante a interiorização da ação (ação refletida), levando a uma consciência dos problemas e dos meios cognitivos necessários para resolvê-los. Quando os esquemas conceituais disponíveis não são adequadamente coordenados, não há tomada de consciência e o sujeito fracassa em suas tentativas de resolver os problemas. Por assim ser, as propostas pedagógicas precisam favorecer as coordenações conceituais, por meio de atividades que considerem o papel ativo do sujeito na apropriação do conhecimento.

Com base na pesquisa de Corrêa (2001), pode-se afirmar que pensar a aprendizagem a partir dos pressupostos da equilibração majorante significa ampliar o sentido dos chamados problemas de aprendizagem, analisando-os do ponto de vista epistemológico. Trata-se de mudar o foco do problema: sair da mera justificativa do fracasso, para o esforço de compreender e interferir no processo de aprendizagem. Este foi o procedimento do presente estudo, cuja intervenção baseou-se em uma visão multidimensional da aprendizagem. Por assim ser, não se pode negar que outros fatores de ordem biológica, psicológica e social, além da ação docente, possam ter influenciado a construção dos conhecimentos dos alunos. Da mesma forma, não é possível admitir que qualquer fator isolado tenha exercido uma influência determinante, tanto para a aprendizagem como para "dificuldades" desse processo. O que a pesquisa revelou foi que uma ação intervencionista coerente com uma visão de desenvolvimento cognitivo pode contribuir de forma significativa para modificação da realidade do aluno considerado problema de aprendizagem, porém essa intervenção deve envolver não somente aquele que aprende, mas também aquele que ensina. Para tanto, não há caminhos predefinidos: as possibilidades surgem na ação, no enfrentamento das questões colocadas pela realidade. Nesse sentido, embora haja objetivos e expectativas, os resultados não são previsíveis e nem sempre correspondem totalmente ao almejado. Um fato inegável, porém, é a aprendizagem constante, uma vez que cada problema resolvido traz novas questões, desconhecidas anteriormente, que, por isso, abrem novos caminhos a serem percorridos.

Sendo assim, o projeto de intervenção precisa continuar na escola, corrigindo, modificando e ampliando as ações até então desenvolvidas. Deve, ainda, buscar envolver mais professores, estabelecer diálogos com os pais e profissionais de outras áreas e, sobretudo, fazer da pesquisa uma atividade norteadora de propostas pedagógicas.

A prática escolar desprovida da pesquisa está na contramão da produção do conhecimento, separando a teoria da prática e, consequentemente, nos casos de problemas de aprendizagem, atribuindo aos alunos as causas de seu fracasso. Ao contrário, por meio do projeto de intervenção escolar foi possível verificar que esses alunos não só não apresentavam nenhum déficit que justificasse suas supostas dificuldades como, ainda, tinham competências para aprender o que a escola tinha para ensinar. O que faltava era uma proposta adequada ao seu nível de desenvolvimento e conhecimento, o que implicou a necessidade de conhecê-los, para propor ações coerentes com o diagnosticado. Essa constatação não apenas derruba o mito do aluno ideal como também faz com que a escola abra suas portas para a diversidade, já que negar o acesso ao conhecimento elaborado significa negar a oportunidade de outros espaços sociais, reforçando a cultura de exclusão escolar. Do ponto de vista da epistemologia genética, faz-se necessário recuperar o significado da construção do conhecimento, efetivando as possibilidades de tomada de consciência, de equilibração e abstração reflexionante. Trata-se de restituir o direito inalienável de adaptação no mundo, recuperando o verdadeiro sentido da vida do sujeito da aprendizagem, do seu ser em uma sociedade humana historicamente situada.

5

Considerações finais

> Mas eu sei que onde se imagina o fim do caminho está plantado o marco de uma nova e possível estaca zero.
>
> Ednardo

O presente estudo teve como objetivo principal verificar se um projeto de intervenção escolar podia ser eficaz para enfrentar os "problemas de aprendizagem" dos alunos durante a alfabetização e, assim, contribuir para amenizar a evasão e a repetência. A convivência na escola revelou que essa possibilidade existe. No entanto, articular ações para enfrentar os problemas é uma atividade muito complexa: extrapola os limites da sala de aula e alcança proporções não cogitadas anteriormente. Talvez, a dificuldade de romper com concepções homogêneas e lineares do trabalho pedagógico leve muitas escolas a permanecerem acomodadas diante dos casos de evasão e repetência, principalmente no período da alfabetização.

Visando a cumprir com sua função social, a escola tem como uma de suas metas a aprendizagem do aluno. O não aprender torna-se, assim, uma preocupação constante, um problema a ser resolvido, pois as supostas dificuldades são indicadores de necessidades a serem atendidas. Se o acesso aos patamares mais elevados do conhecimento é direito inalienável de todos os cidadãos, esse direito pode ser negado caso a escola não esteja preparada para oferecer as condições necessárias à sua realização. Do mesmo modo, o direito constitucional à educação não pode ficar apenas no nível do acesso: a escola deve assegurar — a todos — as condições favoráveis ao desenvolvimento pleno de suas potencialidades. Para tanto, deve articular projetos de intervenção pautados na pesquisa e voltados para as necessidades discentes e docentes. Deve realizar investigações, levantar hipóteses e questões sobre as dificuldades dos alunos e sobre o processo pedagógico, propondo uma análise crítica de suas ações e o surgimento de novos procedimentos de ensino; isto significa educar na perspectiva da diversidade. Se a escola quer construir uma cultura de integração, deve viver as diferenças como uma riqueza e não como obstáculo, embora isso seja um problema para uma instituição que foi criada para homogeneizar e transmitir modelos sociais definidos. Os verdadeiros obstáculos consistem em saber superar, dialeticamente, os velhos hábitos e crenças, já que, como afirma E. Morin, "indicar a necessidade não chega: é preciso que seja possível responder a seu apelo [...] Mas é preciso distinguir a verdadeira e a falsa impossibilidade. A verdadeira decorre dos nossos limites. A falsa decorre do tabu e da resignação" (1987, p. 28)

Na escola-campo deste estudo os obstáculos se traduziram como:

a) *(Re)definição dos conceitos teóricos e metodológicos embasadores dos procedimentos didático-pedagógicos das professoras*

Esse processo foi gradativo, com erros e acertos. Para (re)definir conceitos fez-se necessário rever posturas, inclusive aquelas já cristalizadas. As professoras contavam, portanto, com a mediação teórica, propiciada nos momentos de estudo e discussão dos casos dos alunos. Esses momentos eram coordenados pela pesquisadora, com o apoio da pedagoga. Coordenar o trabalho não significava ocupar, com exclusividade, o espaço do saber, mas sim, atuar como facilitador da dinâmica do grupo, por meio de observações, registros, reflexões, informações etc. Foi assim que se tornou possível (re)pensar as concepções de aluno, de ensino, de aprendizagem e de alfabetização. Se aprender a ler e escrever não pressupõe somente compreender um conjunto de regras e normas, mas também adquirir competência comunicativa para utilização adequada da língua em qualquer circunstância, o processo de alfabetização dos alunos passou a considerar os seguintes aspectos: 1) todas as crianças têm potencial para aprender a ler e escrever, pois a leitura e a escrita não são conteúdos inacessíveis a alguns, muito embora certos indivíduos possam apresentar patologias que dificultam, isso não os impede o acesso ao código linguístico. Essa afirmação leva ao segundo aspecto; 2) o ensino da língua deve ser contextualizado, pois os conhecimentos são construídos ao serem trabalhados em contextos sociais e situações comunicativas diversas. É situando os usos e funções da língua, e não seguindo regras arbitrárias, que o ensino se torna significativo. Nessa perspectiva, a aprendizagem da leitura e da escrita vai além das habilidades básicas à aquisição dos códigos linguísticos: trata-se de atribuir sentido e significado aos usos funcionais da linguagem. A escola precisa, então, abolir a visão reducionista do ato de ler e escrever e valorizar os contextos socioculturais nos quais as crianças estão inseridas. Por assim ser, o ensino referencia-se nas práticas sociais de leitura e escrita, as quais podem transformar a relação das pessoas com o conhecimento.

As escolas em geral revelam dificuldades de adaptação à nova realidade, assim como os professores são resistentes em assimilar outras possibilidades de ação. Segundo Souza e Gamba Júnior:

> O professor nem sempre se dá conta de que estamos diante de uma transformação dos processos de leitura, de escrita e de produção de conhecimento que apontam para um redimensionamento da cultura e da subjetividade, um desafio para todos que enfrentam e compartilham esse momento histórico. (2002, p. 111)

Isto posto, a tentativa das professoras participantes dessa pesquisa de redimensionar suas concepções de alfabetização veio ao encontro de uma tendência dos atuais estudos dessa área, caracterizados por uma ampliação conceitual, de forma a contemplar as diferentes interfaces desse processo.[1]

É importante ressaltar ainda que, além da alfabetização, as professoras investiram na formação de hábitos nos alunos, pois essa foi uma necessidade explicitada no decorrer no trabalho. Consequentemente, durante o período letivo, eles se tornaram mais receptivos às propostas, assim como passaram a exibir um comportamento mais favorável à aprendizagem: estavam mais atentos e menos dispersos, pediam esclarecimentos em caso de dúvida, tentavam resolver as atividades, explicitavam suas hipóteses, aprenderam a trabalhar em grupo. Essa constatação empírica revelou que os alunos não devem ser rotulados por seus comportamentos, os quais são passíveis de mudança via intervenção adequada.

b) *Realização da avaliação diagnóstica e processual, evidenciando as potencialidades e capacidades dos alunos e não suas dificuldades*

A modificação dos critérios de avaliação do rendimento dos alunos foi outro obstáculo a ser superado. Nesse sentido, o referencial piagetiano contribuiu para interpretação das produções discentes, mudando o foco da avaliação: do produto para o processo. Como afirma Cavicchia, a teoria de Piaget "é extremamente rica na sua possibilidade de fornecer quadros interpretativos aos fatos pedagógicos que, na sua essência, referem-se à construção do conhecimento: da criança, do educador, do campo de estudo" (2001, p. 210). Tornou-se possível, então, verificar que os alunos sabiam muitas coisas sobre a leitura e a escrita. O problema é

---

1. Um indicador dessa ampliação são as mudanças ocorridas no GT (Grupo de Trabalho) de alfabetização da ANPED (Associação Nacional de Pesquisa e Pós-Graduação em Educação), que passou a receber trabalhos diversificados, com novas concepções da área, os quais conferem novos contornos a temática da alfabetização. Para corresponder à diversidade, o grupo passou "a chamar-se GT Alfabetização, leitura e escrita, configurando a ampliação do conceito de alfabetização e a sua amplitude..."(Goulart, C. e Kramer, S., 2002, p. 133). Da mesma forma, observa-se maior intercâmbio teórico e metodológico, mais diálogo entre as áreas do conhecimento, tendo a alfabetização como fio condutor. Nesse sentido são observados trabalhos de alfabetização apresentados em outros GTs.

que havia uma grande distância entre esse saber e as expectativas da escola, o que resultava na ênfase do que o aluno ainda não tinha, ou do que lhe faltava. Essa realidade foi constatada também por Machado (1996), ao pesquisar a avaliação por meio das queixas em relação às crianças encaminhadas aos serviços públicos de psicologia. A autora adverte que a avaliação, assim concebida, se transforma em um instrumento não só de legitimação do fracasso escolar, como de segregação social, na e pela prática escolar.

Para fugir dessa tendência discriminatória, as professoras deste estudo precisaram ressignificar seus critérios avaliativos, considerando, também, os conhecimentos construídos e não somente aqueles preconcebidos por elas como mais importantes. Até que conseguissem avaliar de maneira mais ponderada, a possibilidade de observar o aluno por um novo ângulo causava surpresa, descrença e indiferença. Esse tipo de reação é respaldada na visão pouco flexível de quem está acostumado a olhar para o aluno sempre da mesma forma, afirmando que nada pode ser feito ou, ainda, insistindo em soluções que fogem do espaço de governabilidade do docente. A tentativa de considerar a avaliação também a partir dos fatores internos à sala de aula causou, no início, certa resistência, tanto que algumas professoras fugiam da discussão, principalmente aquelas que não permaneceram no projeto de intervenção. As que apresentavam maior disposição para compreender o processo de aprendizagem dos alunos venceram a desconfiança inicial e passaram a valorizar os recursos que o corpo discente dispunha para aprender (esquemas e estruturas mentais, no sentido piagetiano): verificavam as estratégias para resolver conflitos, as tentativas feitas e as hipóteses norteadoras das diversas situações de produção. Essa forma de analisar o trabalho dos discentes fez com que as professoras construíssem alternativas menos dogmáticas para considerar o desenvolvimento escolar. Os resultados obtidos perderam o caráter de julgamento definitivo, pois começavam a enxergar novas possibilidades de intervenção e, consequentemente, de transformação da realidade escolar dos alunos que encontravam dificuldades em seu percurso de alfabetização.

Essa mudança de concepções e procedimentos não foi observada em todo corpo docente da escola, o que levou a um descompasso entre os critérios avaliativos: enquanto as professoras envolvidas no projeto de intervenção acreditavam no potencial dos alunos considerados como problemas de aprendizagem, havia aquelas que continuavam ressaltando suas dificuldades e negando-se a participar do projeto. Estas, com poucas exceções, apresentavam um comportamento mais revoltado e angustiado em relação à profissão. O aluno que não correspondia às expectativas docentes era visto como fardo a ser suportado, o que tornava muitas das ações pedagógicas extremamente estressantes. Nesse sentido, Mantovanini (1999) explica que, quanto mais os professores ficam perplexos com seus alunos reais, mais eles idealizam o aluno perfeito e, quanto maior a idealização, maior a decepção e a frustração com as condições presentes na realidade em que atuam. Na verdade, é preciso aprender a aceitar e a atuar nessa realidade, construindo as condições necessárias para interferir efetivamente no contexto, transformando-o. Para tanto, orientação e apoio fazem-se necessários para superar o mito do aluno ideal. Esse tipo de constatação justifica a continuidade do projeto no campo, não obstante novas configurações devam ser assumidas, no sentido de torná-lo mais coerente ao momento vivido pelos participantes.

c) *(Re)planejamento embasado nos resultados da avaliação e no desenvolvimento do aluno em atividades do cotidiano*

Como desdobramento da avaliação diagnóstica e processual, fez-se necessário (re)planejar as ações pedagógicas. Assim, os saberes discentes passaram a ser o ponto de partida para construção de novos conhecimentos. Para tanto, as professoras precisaram, elas próprias, construir noções de que a cognição dos alunos responderia às suas possibilidades de ação e, ao mesmo tempo, poderia ser ampliado por meio de intervenções pertinentes, que produzissem modificações em conceitos e em representações. Por assim ser, os diferentes níveis de conhecimento exigiam replanejamentos, um recomeçar constante, que fazia com que o trabalho fosse uma novidade, por isso sempre instigante e apaixonante. Essa concepção do trabalho, como algo distinto da aplicação de técnicas preconcebidas, foi entendido como uma conquista, já que, como constatado anteriormente, havia uma discrepância entre as atividades desenvolvi-

PROBLEMA DE APRENDIZAGEM NA ALFABETIZAÇÃO ...

das em sala e o nível de desenvolvimento dos alunos. As professoras precisaram, então, aprender a construir (e desconstruir) suas práticas, uma vez que não havia um plano de ação pedagógica definido *a priori*.

Por ser complexo, o ato de planejar envolve muitas variáveis (o nível de desenvolvimento dos alunos, o tempo e os recursos disponíveis, o domínio do professor em relação ao conteúdo a ser trabalhado etc.), as quais fazem com que cada professora tenha seu estilo e seu momento de planejar. Dessa forma, mesmo quando o planejamento era coletivo, era preciso reservar um espaço individual, para registros particulares e ajuste dos últimos detalhes.

d) *A resolução de problemas como uma busca coletiva e, não, como ações individuais da pesquisadora*

Por não ter o hábito de recorrer à pesquisa para compreender e tentar resolver seus problemas, as escolas, quase sempre, esperam uma solução externa, seja do governo federal ou dos órgãos competentes mais próximos (secretarias de educação, superintendências de ensino), como se um projeto externo, elaborado por quem quer que seja, pudesse substituir a ação coletiva do próprio grupo escolar. Sendo assim, é comum que essas instituições tenham expectativas em relação ao trabalho do pesquisador, principalmente em casos de intervenção, quando são desenvolvidas ações que buscam minimizar ou sanar o problema que justifica o estudo. Porém, é necessário que, nesse processo de busca, as escolas se percebam como produtoras do saber, ou seja, como (co)responsáveis pelo trabalho articulado pelo pesquisador. Nas palavras de Serrano:

> ... partiendo de los problemas prácticos y desde la óptica de quien los vive, procedemos a una reflexión y actuación sobre la situación problemática con objeto de mejorarla, implicando en le proceso a los que viven el problema, quienes se convierten en autores de la investigación. (1990, p. 58)

No início do processo, esse foi mais um obstáculo enfrentado pela pesquisadora. Havia um certo clima de alívio, como se o projeto de intervenção fosse liberar o professor de suas responsabilidades, justificando, ao mesmo tempo, a suposta impossibilidade do aluno aprender em situações cotidianas de ensino. Para desfazer esse equívoco e tornar a intervenção resultado de esforços coletivos dos participantes, foi necessária uma fase de "desencanto", caracterizada ora por conflitos de concepções, ora por consensos, ora por avanços, e ora por recuos. Em sua pesquisa de campo, Mantovanini (1999) encontrou resultados semelhantes. Segundo a autora, no início de seu trabalho havia uma expectativa muito grande da escola, atribuindo um papel onipotente às suas ações junto aos alunos com dificuldades de aprendizagem, algo que retirava dos professores os seus saberes e experiências. Era como se alguém vindo de fora pudesse conhecer a solução para todos os problemas enfrentados diariamente, em sala de aula. Havia, ainda, aqueles que pareciam não mais acreditar em nenhuma alternativa para melhorar o ensino: a educação era vista como "caso perdido". Para sanar essa dificuldade, foram promovidos encontros para esclarecer os objetivos e os limites das ações.

Do mesmo modo, esse foi o procedimento desse estudo: houve momentos em que as propostas foram direcionadas pela pesquisadora, mas discutidas e analisadas pelas professoras que permaneceram na pesquisa, as quais, gradativamente, passaram a apresentar, também, suas propostas. Por meio dos estudos, elas compreenderam que não era o caso de procurar justificativas ou culpados pelos "fracassos dos alunos", mas, sim, o de modificar, de forma coerente, a *práxis* pedagógica.

Nesse sentido, a formação continuada, problematizadora da prática pedagógica por meio da pesquisa, pode ser uma importante aliada para a produção e a democratização do conhecimento. Para tanto, o professor precisa vencer o sentimento de impotência, saber que não está só e que pode contar com o apoio de outros professores, dos pedagogos e de outros profissionais, inclusive das universidades, para articular ações para lidar com os alunos conforme suas necessidades, amenizando, assim, a repetência e a evasão. Não há uma "fórmula mágica" ou um caminho predefinido: é a realidade da instituição que definirá a trajetória a ser seguida. É fundamental, porém, a predisposição para desestabilizar crenças e dogmas, propondo algo contra o preconceito ideológico de que "não há nada a ser feito".

As professoras envolvidas diretamente com a pesquisa construíram essa predisposição e, desse modo, tornaram-se mais seguras e confiantes, tanto que passaram a exercer um papel importante no grupo: discutiam os casos dos alunos com os outros professores, trocavam experiências e informações, pediam e ofereciam sugestões. Dessa forma, elas se tornaram agentes de mudança, contribuindo para romper o ciclo de repetições que caracteriza a ação docente sustentada em velhas crenças. As possibilidades de mudança são inerentes à complexa natureza do ser humano, porém implicam conflitos abertos, cujo enfrentamento pode resultar em novas perspectivas, novos modos de ser, de agir e de pensar. Isso quer dizer que o professor não pode se acomodar diante das condições adversas que se colocam a um projeto de intervenção, o que significa desistir do aluno e excluí-lo do processo educativo. Nesse caso, todos perdem: o professor, por não ser um profissional bem-sucedido e, o aluno, por ser excluído do mundo do conhecimento.

A partir do enfrentamento desses obstáculos pode-se inferir que é possível mudar a postura acadêmica, a qual, por sua vez, não ocorre de forma linear, desprovida de conflitos, já que qualquer ação contrária à ordem estabelecida coloca questões incômodas. Não se trata de normas decretadas de cima, mas de mudança que se torna necessária, embora difícil para os participantes da pesquisa. As possibilidades de êxito estão, do ponto de vista da pesquisadora, relacionadas ao nível de conhecimento e amadurecimento dos educadores para superar os empecilhos. Nesse sentido, por estar envolvida de forma emocional, sensorial, imaginativa e racional, em alguns momentos, a pesquisadora teve que se conter para não se impor, respeitando o momento de cada professor e apresentando as propostas em forma de sugestões, as quais eram discutidas e, se compreendidas, colocadas em prática. Isso significa que os participantes podiam planejar, organizar e agir de um modo consciente, numa interação contínua entre ação e reflexão. Como foi colocado desde o início, não havia a intenção de propor nenhum método de ensino: as possibilidades de ação foram delineando-se no campo, de acordo com a realidade de cada participante da pesquisa. O agir era modificável em função das situações concretas ou, ainda, do aprender como identificar (desenvolvimento do diagnóstico) e sanar (proposta de intervenção) as dificuldades dos alunos e do processo pedagógico.

Sabe-se que uma pesquisa de intervenção chega ao fim quando o problema inicial é resolvido, se é que realmente o pode ser. O pesquisador não tem um controle das dimensões das mudanças ocorridas no campo e nem dos resultados obtidos, os quais são estreitamente ligados ao contexto, em seu momento histórico. No caso desse estudo, pode-se afirmar que para os alunos e as professoras envolvidas diretamente na pesquisa os avanços foram consideráveis. No entanto, isso não ocorreu para todo o grupo da escola, abrindo novas questões para serem investigadas e novas ocasiões para outras intervenções.

A experiência no campo revelou a necessidade de projetos voltados para o aluno (visando a seu desenvolvimento) e para o professor (favorecendo sua formação continuada e a construção de seu compromisso com o ensino, repercutindo, então, em sua autoestima). Os projetos devem propor ações factíveis de serem efetuadas no interior da escola, ou seja, ações coerentes às reais condições da escola pública. Não resolve elaborar projetos mirabolantes que não sejam funcionais: é mais sensato, portanto, reconhecer as possibilidades de trabalho e agir de acordo com a realidade do momento. Isso implica acreditar na capacidade e autonomia docente para planejar os procedimentos mais viáveis, levando, consequentemente, o professor a acreditar em sua competência para ensinar os alunos, mesmo aqueles considerados como problema de aprendizagem, retirando-lhes o rótulo e mediando seus avanços e conquistas. Dessa forma, torna-se possível ter esperança em uma escola que promova nos professores e alunos a alegria do saber.

Após três anos de atuação na escola (2002-2004), pode-se considerar que esse trabalho caminhou enquanto projeto de investigação e intervenção. Muitos passos, porém, ainda estão para ser dados. É, pois, com a experiência construída e com a vontade de fazer mais e melhor que o grupo continua sua trajetória.

Com base no alcance desse estudo, espera-se que, ao revelar que qualquer criança pode aprender (desde que lhe sejam dadas condições para tal), esta tese possa contribuir para o surgimento de um novo professor — que acredite em seu aluno e em si mesmo — e de uma nova escola — que cumpra sua função de produzir e socializar conhecimentos: essa é uma questão atual e urgente.

Bibliografia

AJURIAGUERRA, J. de. *Manual de psiquiatria infantil*. Trad. P. César Geraldes e S. R. P. Alves. Rio de Janeiro: Masson de Brasil, 1980.

ALVARENGA, D. Análise de variações ortográficas. *Revista Presença Pedagógica*, ano 1, v. 2, mar./abr. 1995.

ANDER-EGG, E. *Repensando la investigación-acción participativa*. México: El Ateneo, 1990.

ANDRÉ, M. E. D. A. *Etnografia da prática escolar*. Campinas: Papirus, 1995.

BARBIER, R. *A pesquisa-ação*. Trad. Lucie Didio. Brasília: Plano, 2002.

BECKER, F. *A origem do conhecimento e a aprendizagem escolar*. Porto Alegre: Artmed, 2003.

BRASIL, Ministério da Educação e do Desporto. Secretaria da Educação Fundamental. *Lei de Diretrizes e Bases da Educação*. Brasília: MEC/SEF, 1996.

BRENELLI, R. P. *Intervenção pedagógica, via jogos Quilles e Cilada, para favorecer a construção de estruturas operatórias e noções aritméticas em crianças com dificuldades de aprendizagem*. Tese de doutorado. Campinas: Faculdade de Educação, Unicamp, 1993.

CAGLIARI, G. M.; CAGLIARI, L. C. *Diante das letras*: a escrita na alfabetização. Campinas: Mercado de Letras/Associação de Leitura do Brasil (ALB); São Paulo: Fapesp, 1999.

CAGLIARI, L. C. *Alfabetizando sem o Bá - Bé - Bi - Bó - Bu*. São Paulo: Scipione, 1998.

CASTORINA, J. A. *Algunos aspectos sociales del desarrollo cognitivo*. Temas de psicopedagogia. Buenos Aires: Miño y Dávila, 1985.

CASTORINA, J. A. *Psicologia genética*. Aspectos metodológicos e implicações pedagógicas. Porto Alegre: Artes Médicas, 1988.

CAVICCHIA, D. de C. Psicopedagogia na instituição educativa: a creche e a pré-escola. In: SISTO, F. F. et al. *Atuação psicopedagógica e aprendizagem escolar*. 6. ed. Petrópolis: Vozes, 2001.

COLLARES, C. A. L. & MOYSÉS, M. A. *Preconceitos no cotidiano escolar*: ensino e medicalização. São Paulo: Cortez, 1996.

CONNELL, R. W. Pobreza e Educação. In: GENTILLI, P. *Pedagogia da exclusão*: crítica ao neoliberalismo em educação. Petrópolis: Vozes, 1995.

CORRÊA, R. M. *Dificuldades no aprender*: um outro modo de olhar. Campinas: Mercado de Letras, 2001.

CURTO, L. M. et al. *Escrever e ler:* como as crianças aprendem e como o professor pode ensiná-las a escrever e a ler. Porto Alegre: Artmed, 2000a. v. I.

CURTO, L. M. et al. *Materiais e recursos para a sala de aula*. Porto Alegre: Artmed, 2000b. v. II.

DAVIS, C. O construtivismo de Piaget e o sócio-interacionismo de Vygotsky. In: SEMINÁRIO INTERNACIONAL DE ALFABETIZAÇÃO E EDUCAÇÃO CIENTÍFICA. *Anais...* Rio Grande do Sul: Unijui, 1993. p. 35-52.

DOLLE, J. M. & BELLANO, D. *Essas crianças que não aprendem*: diagnósticos e terapias cognitivas. Petrópolis: Vozes, 1996.

FERNANDÉZ, A. *A inteligência aprisionada*. Porto Alegre: Artmed, 1991.

FERREIRO, E. & TEBEROSKY, A. *Psicogênese da língua escrita*. Porto Alegre: Artmed, 1986.

FERREIRO, E. *Com todas as letras*. 2. ed. São Paulo: Cortez, 1993.

_____. *Atualidade de Jean Piaget*. Porto Alegre: Artmed, 2001.

FINI, L. D. T. Rendimento escolar e psicopedagogia. In: SISTO, Fermino F. et al. *Atuação psicopedagógica e aprendizagem escolar*. 6. ed. Petrópolis: Vozes, 2001.

FONSECA, V. da. *Psicomotricidade*. 2. ed. São Paulo: Martins Fontes, 1988.

FREIRE, J. B. *Educação de corpo inteiro*. 2. ed. São Paulo: Scipione, 1991.

GATTI, B. A. *A construção da pesquisa em educação no Brasil*. Brasília: Plano, 2002.

GOFFMAN, E. *Estigma*: notas sobre a manipulação da identidade deteriorada. Rio de Janeiro: Agir, 1982.

GOMES, M. F. C. & SENA, M. das G. de C. (Orgs.). *Dificuldades de aprendizagem na alfabetização*. Belo Horizonte: Autêntica, 2000.

GOULART, C. & KRAMER, S. Alfabetização, leitura, escrita: 25 anos da Anped e 100 anos de Drummond. *Revista Brasileira de Educação*. Campinas: Autores Associados, n. 21, p. 127-146, set./dez. 2002.

GUILLARME, J. J. *Educação e reeducação psicomotora*. Trad. A. Caetano. Porto Alegre: Artmed, 1983.

INHELDER, BOVET, SINCLAIR. *Apprentissage et structures de la connaissance*. Paris: PUF, 1974.

KISHIMOTO, T. M. (Org.). *Jogo, brinquedo, brincadeira e a educação*. São Paulo: Cortez, 1996.

LAJONQUIÈRE, L. de. Acerca da instrumentação prática do construtivismo: a (anti)pedagogia, ciência ou arte? *Caderno de Pesquisa*. São Paulo: FCC/Autores Associados, n. 81, p. 61-66, 1992.

LEMLE, M. *Guia teórico do alfabetizador*. 10. ed. São Paulo: Ática, 1995.

LIBÂNEO, J. C. Desafios na formação de educadores: em busca de soluções realistas para novos problemas da profissão. I SEMINÁRIO BRASILEIRO DE EDUCAÇÃO — EDUCAÇÃO: RUMOS E DESAFIOS. João Pessoa: Editora Universitária/UFPB, p. 30-45, 2002.

LIMA, L. O. de. *Piaget*: sugestões aos educadores. 2. ed. Petrópolis: Vozes, 2000.

MACEDO, L. de. Para uma psicopedagogia construtivista. In: ALENCAR, Eunice Soriano (Org.). *Novas contribuições da psicologia aos processos de ensino e aprendizagem*. São Paulo: Cortez, 1992.

_____. *Ensaios construtivistas*. São Paulo: Casa do Psicólogo, 1994.

MACHADO, A. M. *Reinventando a avaliação psicológica*. Tese de doutorado. São Paulo: Instituto de Psicologia da Universidade de São Paulo, 1996.

MANTOVANINI, M. C. L. *O olhar do professor ao diagnosticar as dificuldades de aprendizagem*: critérios e justificativas empregados para a escolha dos bons e maus alunos. Tese de doutorado. São Paulo: Faculdade de Educação da Universidade de São Paulo, 1999.

MIRANDA, M. I. *Crianças com problemas de aprendizagem na alfabetização*: contribuições da teoria piagetiana. Araraquara: J. M. Editora, 2000.

MONTOYA, A. O. D. *Piaget e a criança favelada*: epistemologia genética, diagnóstico e soluções. Petrópolis: Vozes, 1996.

MORAIS, A. G. de. Escrever como deve ser. In: TEBEROSKY, A. & TOLCHINSKY, L. (Orgs.). *Além da alfabetização*: a aprendizagem fonológica, ortográfica, textual e matemática. 4. ed. São Paulo: Ática, 2002.

MORAIS, A. M. P. *Distúrbios de aprendizagem*: uma abordagem psicopedagógica. São Paulo: Edicon, 1986.

MORIN, E. *O método III*: o conhecimento do conhecimento. Lisboa: Europa--América, 1987.

MOROZ, M. & GIANFALDONI, M. H. T. A. *O processo de pesquisa*: iniciação. Brasília: Plano, 2002.

OLIVEIRA, M. V. de. Algumas concepções sobre o fracasso escolar no Brasil: como pensar hoje? *Revista Educação e Filosofia* Universidade Federal de Uberlândia, n. 26, v. 13, p. 7-20, jul./dez. 1999.

PAIN, S. *Diagnóstico e tratamento dos problemas de aprendizagem*. 4. ed. Porto Alegre: Artmed, 1992.

PATTO, M. H. S. *Psicologia e ideologia*: uma introdução crítica à psicologia escolar. São Paulo: T. A. Queiroz, 1984.

_____. *A produção do fracasso escolar*: histórias de submissão e rebeldia. São Paulo: T. A. Queiroz, 1990.

PERNIGOTTI, J. M. et al. *Aceleração da aprendizagem*: ensaios para transformar a escola. Porto Alegre: Mediação, 1999.

PIAGET, J. Psychopedagogie et mentalité enfantine. *Journal de Psychologie Normale et Pathologique*. Paris, année 25, p. 31-60, 1920.

_____. *Les relations l'affetivité et l'intelligence dans le developpement mental de l'enfant*. Paris: CDU, 1958.

_____. *Aprendizagem e conhecimento*. Rio de Janeiro: Freitas Bastos, 1959.

_____. *Seis estudos de psicologia*. Rio de Janeiro: Forense Universitária, 1967.

_____. *Psicologia e pedagogia*. Rio de Janeiro: Forense, 1969.

_____. *Estudos sociológicos*. Trad. Reginaldo Di Piero. São Paulo: Forense, 1973.

_____. *O nascimento da inteligência da criança*. Trad. Álvaro Cabral. Rio de Janeiro: Zahar Editores, 1974.

_____. *Para onde vai a educação?* Rio de Janeiro: José Olympio, 1975.

PIAGET, J. *O desenvolvimento do pensamento*: a equilibração das estruturas cognitivas. Lisboa: Dom Quixote, 1976.

PIAGET, J. *Recherches sur l'abstraction réfléchissante*. Paris: PUF, 1977.

_____. *A formação do símbolo na criança*: imitação, jogo e sonho, imagem e representação. Trad. Álvaro Cabral. Rio de Janeiro: Zahar, 1978.

PIAGET, J. & GARCIA, R. *Psicogénesis e historia de la ciencia*. México: Siglo XXI, 1982.

PIAGET, J. & INHELDER, B. *A psicologia da criança*. São Paulo: Difel, 1974.

RAMOS, A. *A criança problema*. Rio de Janeiro: Ed. Nacional, 1939.

ROCHA, J. A. *Desenvolvimento, conhecimento e prática pedagógica*: abordagem piagetiana. São Paulo: Anita Garibaldi, 1999.

ROSENTHAL, R. & JACOBSON, L. Profecias auto-realizadoras em sala de aula: as expectativas dos professores como determinantes não intencionais da competência intelectual. In: PATTO, M. H. S. (Org.). *Introdução à psicologia escolar*. São Paulo: T. A. Queiroz, 1989.

SERRANO, M. G. P. *Investigación — acción — aplicaciones al campo social y educativo*. Madrid: Dikinson, 1990.

SOUZA, S. J. & GAMBA JÚNIOR, N. Novos suportes, antigos temores: tecnologia e confronto de gerações nas práticas de leitura e escrita. *Revista Brasileira de Educação*. Campinas: Autores Associados, n. 21, p. 104-114, set./dez. 2002.

THIOLLENT, M. Notas para o debate sobre a pesquisa-ação. In: *Serviço Social & Sociedade*. São Paulo: Cortez, ano IV, p. 123-141, dez. 1982.

_____. *Metodologia da pesquisa-ação*. 6. ed. São Paulo: Cortez, 1994.

TOLCHINSKY, L. Desenhar, escrever, fazer números. In: TEBEROSKY, A. & TOLCHINSKY, L. *Além da alfabetização*: a aprendizagem fonológica, ortográfica, textual e matemática. 4. ed. São Paulo: Ática, 2002, p. 195-218.

VASCONCELLOS, C. S. Educar para a solidariedade: o lugar da (in)disciplina e do projeto. I SEMINÁRIO BRASILEIRO DE EDUCAÇÃO — EDUCAÇÃO: RUMOS E DESAFIOS. João Pessoa: Editora Universitária/UFPB, p. 17-29, 2002.

VINH-BANG. A intervenção psicopedagógica. In: *Archives de Psychologie*. Paris, n. 58, p. 123-135, 1990.

WALLON, H. *Do acto ao pensamento*. Trad. J. Seabra Dinis. Lisboa: Moraes Editores, 1979.

Anexos

Anexo 1

Projeto de intervenção psicopedagógica

Professor(a)

Para propor um projeto de intervenção, faz-se necessário realizar uma avaliação diagnóstica para conhecer o aluno. Trata-se de um processo complexo, que compreende diferentes momentos. Um desses momentos é a história da queixa, quando o professor deve registrar de forma objetiva e clara o que caracteriza a dificuldade do aluno para aprender.

História da queixa

Aluno(a):_____ **Idade:**_____

Professor(a):_____

Série:_____   Novato ( )   Repetente ( ) _____ anos

Descrição da queixa

Anexo 2

Projeto de intervenção psicopedagógica

Professor(a)

Dando continuidade ao processo de avaliação diagnóstica, solicito sua participação e colaboração respondendo às questões abaixo:

Questões

1) Em sua opinião, quais seriam as causas das dificuldades dos alunos?
2) Como a escola pode trabalhar para sanar essas dificuldades?
3) Existe algo na escola que contribui para os problemas de aprendizagem dos alunos? Justifique.

Anexo 3

Projeto de intervenção psicopedagógica

Professor(a)

Ao final do ano letivo de 2003, finalizamos uma etapa de nosso projeto, qual seja, a fase de implementação da intervenção, quando foram desenvolvidas ações junto aos alunos e seus professores. Com o objetivo de analisarmos os resultados da intervenção, faz-se necessário que você coloque suas ideias sobre alguns conceitos fundamentais estudados e trabalhados em sala de aula no decorrer do projeto. As suas respostas, juntamente com o diagnóstico final dos alunos e outros indicadores (observação em sala de aula, conversas informais, reuniões de estudo etc.) irão respaldar o projeto em 2004, que de acordo com as necessidades, poderá ser replanejado.

Isto posto, solicitamos algumas considerações acerca dos aspectos abaixo, os quais podem ser abordados por meio de uma correlação do antes e do depois do projeto de intervenção:

1º) Aluno "problema de aprendizagem"
2º) Alfabetização
3º) Processo ensino-aprendizagem
4º) Avaliação

Descreva algumas situações ocorridas em sala de aula ou extrassala que ilustrem as considerações registradas acima.

Em relação a todo trabalho realizado na escola, em 2002 e 2003, sinalize:

1º) pontos positivos
2º) pontos negativos
3º) sugestões para continuidade do projeto em 2004

Segue abaixo um espaço para alguma consideração que você julga importante.

GRÁFICA PAYM
Tel. (011) 4392-3344
paym@terra.com.br